Lutz van Dick, geb. 1955 in Berlin, seit 1979 Sonderschullehrer in Hamburg, 1987 Promotion zum Dr. phil. mit einer Arbeit über «Oppositionelles Lehrerverhalten 1933–1945»; Lehrbeauftragter der Universität Hamburg; Mitarbeit in der Initiative «Pädagoginnen und Pädagogen für den Frieden».

Für Malte und Gesche

Lutz van Dick

Der Attentäter

Herschel Grynszpan
und die Vorgänge um die «Kristallnacht»

Rowohlt

rororo rotfuchs
Herausgegeben von Renate Boldt und Gisela Krahl

Zu dem vorliegenden Jugendbuch ist unter den Titel «Wer war
Herschel Grynszpan?» eine dokumentarische Zusammenfassung
für Lehrerinnen und Lehrer (Sek. I/II) entstanden, die für 3 DM
(inkl. Porto) bestellt werden kann beim Verlag «neue deutsche
schule», Nünningstr. 11, 4300 Essen 1.

11.–15. Tausend Januar 1989

Originalausgabe
Veröffentlicht im Rowohlt Taschenbuch Verlag GmbH,
Reinbek bei Hamburg, November 1988
Copyright © 1988 by Rowohlt Taschenbuch Verlag GmbH,
Reinbek bei Hamburg
Rechte an den einzelnen Fotos und Dokumenten
s. Abbildungsnachweis S. 217
Umschlagfoto Yad Vashem Archiv, Jerusalem
rotfuchs-comic Jan P. Schniebel
Alle Rechte vorbehalten
Gesetzt aus der Garamond (Linotron 202)
Gesamtherstellung Clausen & Bosse, Leck
880-ISBN 3 499 20527 0

Inhalt

Paris 1945

Paris im November ist lausig. Kalt, grau, feucht. Wie jede andere nordeuropäische Großstadt um diese Jahreszeit. Die wenigen Tischchen und Stühle, die noch vor einigen Lokalen stehen, sind schmuddelig, regennaß. Im Café am Boulevard St. Denis sitzen am frühen Nachmittag nur wenige Gäste.

Zwei Gruppen von Franzosen lassen sich in diesen ersten Wochen nach der Befreiung unterscheiden: Die Geschäftigen, die die neue Situation bereits wieder für Aktivitäten aller Art nutzen, die organisieren, sich Aufgaben ausdenken und jetzt keine Zeit für einen Kaffee haben.

Und diejenigen, die warten: auf Arbeit, auf noch immer vermißte Freunde und Verwandte oder nicht selten – auf nichts. Viele dieser Pariser haben kein Geld für einen Kaffee am Boulevard St. Denis.

Der Kellner ist ein hagerer, unfreundlicher, älterer Mann. Er mag keine Gäste, die sich über eine Stunde an einem Café au lait festhalten. Und er mag keine Leute, die nach anderen Leuten fragen. Beides habe ich getan. Wir mögen uns nicht.

Zuletzt habe ich Herschel im KZ Sachsenhausen gesehen. Gehört – oder besser gesagt: gelesen – hatte ich seinen Namen schon vorher. Vor dem Krieg waren eine Weile die Zeitungen voll von Berichten über seine Tat: den Mord in der deutschen Botschaft in Paris. Auch mit Fotos: Herschel im Polizeiauto. Unterschrift: «Der feige Judenlümmel». Oder von seinen Pariser Verwandten. Unterschrift: «So sehen sie aus, die den Weltfrieden gefährden!»

Es muß im Juli 1942 gewesen sein, als ich ihn zuerst traf und sofort erkannte. Im Waschraum des Zellenbaus Sachsenhausen standen wir plötzlich nebeneinander. Ich war mit Reinigungsdiensten beauftragt, hatte Schrubber und Eimer in der Hand und wollte gerade Wasser holen. Er, der Einzelhäftling Nr. 35181, war zum Waschen geführt worden, stand dort mit bloßem, braungebranntem Oberkörper, barfuß, mit einer zivilen, etwas zu großen schwarzen Hose bekleidet und schien gesundheitlich einigermaßen in Form zu sein. Mager war er, aber sein Körper zeigte keine Spuren von Schlägen oder die sonst so häufig aufgerissene Haut an Schultern und Händen vom hier üblichen Schleppen der Zementsäcke.

Er schien mich beim Eintreten nicht bemerkt zu haben. Auch ich beachtete ihn zunächst nicht weiter. Plötzlich spürte ich, wie er mich beobachtete.

«Und?» fragte ich ihn schließlich. Man war gewöhnt, nur wenige Worte zu machen.

«Du kennst mich?»

«Du bist Grünspan, stimmt's? Haben sie dich doch bekommen?»

Er wirkte sehr jung. Vielleicht auch nur, weil er eher klein war. Auch er antwortete wieder mit einer Gegenfrage:

«Und wieso bist du hier?»

«Politisch. Der rote Winkel ist korrekt.»* Seine Situation interessierte mich: «Was haben sie mit dir vor?»

«Sie wollen Hintermänner erfahren. Gibt aber keine. Hab keine Ahnung, wie lange das noch so gehen soll.»

---

* *Häftlinge trugen damals auf der Sträflingskleidung aufgenähte, unterschiedlich farbige Stoffwinkel, die für die Aufseher den angeblichen Grund der Haft sichtbar machen sollten. So hatten zum Beispiel politische Gefangene einen roten Winkel zu tragen, jüdische einen gelben, homosexuelle einen rosafarbigen.*

«Und wieso bist du noch nicht über den Bock gegangen?»*
«Keine Ahnung», wiederholte er.

In dem Moment hörten wir die Stiefel des Wachmannes. Ich drehte langsam den Wasserhahn zu und kippte etwas Wasser aus dem Eimer ab, der längst übergelaufen war. Herschel nahm scheinbar teilnahmslos sein Hemd und verließ den Waschraum vor mir.

Wir sind uns auf diese Weise noch einige Male in den nächsten Wochen begegnet. Ein kluger Kopf war er, sehr interessiert an allem, was draußen vor sich ging. So kam es, daß wir allmählich Vertrauen zu ihm faßten und eigentlich schon vorhatten, ihn ein Stück weit in unsere illegale Gruppe im KZ einzuweihen. Dazu kam es jedoch nicht mehr.

Es war etwa drei Wochen nach unserer ersten Begegnung, als er sich frühmorgens von mir und einem Mithäftling mit einem festen Händedruck verabschiedete:

«Die Verhöre sind zu Ende. Ich komme in Kürze nach Berlin zurück, und dann…» Er machte eine eindeutige Handbewegung an seiner Kehle entlang.

Äußerlich schien Herschel gefaßt und ließ sich kaum etwas anmerken. Aber ich kannte ihn inzwischen gut genug, daß ich spürte, wieviel Kraft ihn dieser Abschied kostete.

«Denk an Paris, Herschel – Boulevard St. Denis. Hinterher!»

Das war alles, was mir zum Abschied einfiel. Die Erinnerung an eine Abmachung, die wir einmal eher im Scherz miteinander getroffen hatten: Wenn es uns gelingen würde, dieses ganze Elend irgendwie zu überstehen, dann sollte er sich nach der Befreiung in Paris bei meinem Vater melden. Der war ein konservativer, unpolitischer und damit unverdächtiger Arzt im Ruhestand. Trotz aller Streitigkeiten, die ich mit ihm wegen meiner

---

* «Über den Bock gehen» hieß, daß ein Häftling auf einen Holzbock geschnallt wurde und 25 Stockhiebe erhielt.

journalistischen Arbeit hatte – über meinen Beitritt zur Résistance, dem französischen Widerstand, hatte ich ihn nie informiert –, war er doch mein Vater geblieben. Er hätte mich nie verraten.

Bei ihm wollten wir gegenseitig eine Nachricht hinterlassen und uns in einem bekannten Lokal am Boulevard St. Denis treffen. Hinterher. Zu warmem und duftendem Café au lait, soviel wir wollten.

Vor wenigen Tagen hatte mich mein Vater in meiner neuen Redaktion angerufen:

«Hier hat jemand eine Karte für dich abgegeben. Hör mal: ‹Boulevard St. Denis. Samedi prochain avec café au lait. Entre trois et quatre heures de l'après-midi.›* Sagt dir das was?»

Ich brauchte einen Moment.

«Hallo?» Seine Stimme klang schon ungeduldig.

Da war es aber bereits klar. Das konnte nur einer sein. War er tatsächlich durchgekommen?

Ich spüre zuerst seine Hand auf meiner Schulter. Gedankenverloren aus dem Fenster schauend, habe ich nicht bemerkt, wie er das Lokal betrat.

«Salut, Julien», sagt er mit der mir vertraut schlechten französischen Aussprache, jedoch ungewohnt tiefer Stimme.

Als ich aufspringe und ihn umarmen will, hält er mich auf Abstand, drückt mich zurück auf den Stuhl und setzt sich selbst gegenüber. Im nächsten Augenblick steht der mürrische Kellner neben uns.

---

* ‹Boulevard St. Denis. Nächsten Samstag mit Milchkaffee. Zwischen drei und vier Uhr am Nachmittag.›

«Deux cafés au lait», bestellt er, fast nebenbei, gar nicht mit der Feierlichkeit, die ich in diesem Moment empfinde.

Es ist Herschel. Daran kann kein Zweifel sein. Als wir uns zuletzt sahen, war er einundzwanzig Jahre alt. Jetzt müßte er vierundzwanzig sein, wirkt aber um einiges älter. Oder vielleicht sollte ich eher sagen: härter. Ja, das ist es, was mir zuerst auffällt und ihn mir fremd erscheinen läßt. Er ist noch immer mager, trägt die Haare ganz kurz, hat dafür aber einen dunklen Schnurrbart und wirkt unrasiert.

«Julien, arbeitest du wieder als Journalist?» beginnt er nach einer Pause das Gespräch. Ich nicke nur, fühle mich beklommen.

«Herschel ist tot», fährt er fort. «Es gibt zu viele Leute, die meinen Tod wollen, auch jetzt noch, nachdem alles vorbei ist. Zu viele, als daß ich leben könnte. Übrigens auch von meinen eigenen Leuten, weißt du, das ist am schlimmsten. Da gibt es einige Chawerim*, die mir noch heute anlasten, ich wäre schuld an den Pogromen in Deutschland gewesen.»

«Woher weißt du das?» frage ich ungläubig.

«Ich hab's gehört. Zuverlässig. Von Soldaten der Roten Armee, die mich aus Berlin haben abziehen lassen. Dann von einem Verwandten in Brüssel, der schon angesprochen wurde: ‹Wenn die schwule Sau hier auftaucht, machen wir ihn fertig!›»

Seine Augen blicken nervös im Lokal umher, einen Moment nur, fast unmerklich. «Nein, Julien, Herschel ist tot. Ich werde bald neue Papiere haben und einen neuen Namen und woanders leben. Vielleicht ändert sich auch einmal etwas. Jetzt sieht es nicht so aus...»

«Und was kann ich für dich tun?»

«Du, Julien? Du sagst, du bist Journalist. Und du bist in meinem Alter. Wir beide haben uns damals im Waschraum geschworen, zwei verdammte alte Knacker zu werden. Weißt du noch?»

---

* *Hebräisch für: Kameraden.*

«Und?» Ich verstehe nicht, worauf er hinaus will.

Herschel holt eine zerbeulte braune Ledertasche unter dem Tisch hervor, öffnet sie umständlich und zieht ein größeres, in Packpapier eingeschlagenes und mit einer Schnur verbundenes Paket heraus.

«Das mußt du für mich aufbewahren!» Er schiebt mir das Paket über den Tisch. «Ich war die letzten Wochen hier in der Nähe von Paris versteckt. Da habe ich gewartet auf meine neuen Papiere. Während des Wartens habe ich alle Zettel und leeren Hefte, die ich bekommen konnte, vollgeschrieben. Mit meiner Geschichte. Meinem Leben. Hört sich irgendwie komisch an, nicht?»

Ich schüttele den Kopf. «Und wieso gibst du das nicht einem Anwalt? Du solltest jetzt einen Prozeß deinerseits anstrengen!»

«Kann nicht mehr», antwortet er leise. Dann, nach einer Pause, noch einmal: «Kann nicht mehr...»

Er starrt eine Weile vor sich hin. Mit der Hand fährt er sich durch die kurzen dunklen Haare, als wollte er etwas wegwischen.

«Du, hör mal, Julien. Ich kann jetzt hier nicht lange mit dir sprechen. Ich muß bald zu einem Treffpunkt, von wo aus ich Paris noch in dieser Nacht verlassen werde. Du nimmst jetzt die Hefte und packst sie gut weg. Sobald ich kann, melde ich mich wieder über die Anschrift deines Vaters. Du gibst sie niemand anderem. Dir vertraue ich!»

«Und? Wann kommst du wieder? Wann?»

«Bald. Vielleicht.»

«Und wenn nicht?»

«Du hebst alles auf. Jetzt erst mal. Und wenn ich wirklich nicht mehr auftauchen kann oder mir etwas zustößt, dann bist du der einzige, der etwas damit anfangen könnte. Du kannst schreiben. Du schaust dir mein Gekritzel an und entscheidest, ob das dann überhaupt noch jemanden interessiert.»

«Wann soll das sein?»

«Jetzt haben wir November 1945...» Stirnrunzeln, dann das erste Mal während unseres gesamten Gesprächs ein schelmisches Grinsen. Mir ist, als würde ich erst jetzt den Jungen aus Sachsenhausen wiedererkennen. «Sag, Julien, wann haben wir beide die Pensionsgrenze erreicht?»

Ich muß auch grinsen. «Na, vierzig Jahre werden wir wohl noch durchhalten müssen!»

«Bon, Julien. Also, das wäre dann... 1985. Dann machst du das Paket auf und siehst zu, ob du was draus machen kannst!»

Ich zögere.

Doch Herschel erhebt sich bereits, schließt wieder umständlich seine nun fast leere Tasche. Die leichte Fröhlichkeit des Moments ist verflogen.

Ungeduldig streckt er mir die Hand hin. »C'est bon?»

Ich schlage ein: «Bis bald?»

Er nickt flüchtig, schaut sich um, gehetzt, schon kaum mehr anwesend.

Während ich Herschel noch nachschaue, stellt sich bereits wieder der nervende Kellner neben den Tisch. Ich werfe ihm unfreundlich die Münzen hin und laufe Herschel hinterher auf die Straße.

Ich kann ihn nicht mehr entdecken unter all den Menschen, die inzwischen den Boulevard bevölkern. Das Paket habe ich fest an mich gepreßt. Als es wieder anfängt zu nieseln, nehme ich es unter meine Jacke.

So lange her. Mehr als ein halbes Menschenleben. Und doch eigenartig nah. Meine Hand streicht über die noch unsortierten Blätter. Vergilbtes Papier, faltige Hand. Meine Augen schmerzen. Ich bin es nicht mehr gewohnt, eine Nacht durchzulesen. Vor den Fenstern dämmert bereits der Morgen. Als ich die

Schreibtischlampe lösche, ist mir, als könnte ich die Umrisse seiner Gestalt in meinem schummrigen Arbeitszimmer spüren, ja, mehr fühlen als erkennen.

Es wird einige Arbeit bedeuten, das alles zu sortieren, was in größter Zeitnot niedergeschrieben wurde. Mißverständliche Ausdrucksformen eines Ungeübten – wo darf ich korrigieren, ohne ihn rückfragen zu können? Wo muß ich es tun, um seinem Auftrag nachzukommen? An welchen Stellen sind Anmerkungen aus heutiger Sicht zu ergänzen, weil Herschel bestimmte Tatsachen damals – im Herbst 1945 – nicht wissen konnte? Oder auch umgekehrt, weil uns heute manche Zusammenhänge von damals nicht ohne weiteres verständlich sein mögen?

Ich beschließe, in den nächsten Wochen alle Bücher und Texte aufzuspüren, in denen bis heute irgend etwas über Herschel berichtet worden ist. Vielleicht lassen sich sogar außer mir noch andere Zeitzeugen ausfindig machen?

Die noch kühle Morgenluft weht in den Raum, erreicht die erhitzte Haut meiner Stirn und Wangen, läßt mich tief und gierig einatmen. So lange her – und so nah . . .

Abb. 1: Herschel Grynszpan am Tag des Attentats am 7. November 1938 kurz nach seiner Festnahme auf dem Polizei-Kommissariat.

Bei uns zu Hause

Wenn du vierundzwanzig bist und hast sieben Jahre deines Lebens bereits hinter Gittern verbracht, dann ist das so eine Sache mit der Freiheit. Wann bist du wirklich frei?

Vielleicht, wenn du keine Angst zu haben brauchst. Wenn du dich abends ohne Sorgen hinlegen kannst und dich auf irgend etwas Schönes am nächsten Tag freuen kannst.

So gesehen wird es noch eine Weile dauern, bis ich wieder frei sein werde. Auch wenn ich hier in dem kleinen Landarbeiterhaus, ein paar Kilometer vor Paris, kein Gefangener mehr bin. Ich kann spazierengehen, wann ich will, im Garten auf der verwilderten Wiese sitzen, in die Wolken gucken und meine Zeit mit dem verbringen, was ich möchte.

Einmal am Tage, meist abends mit einsetzender Dämmerung, kommt die Alte vom Hof gegenüber, bringt mir ein warmes Mahl, Wein und Brot für den nächsten Tag. Sie fragt mich nicht, woher ich komme oder wer ich bin. In schwarzen Kleidern, das Kopftuch selbst den Haaransatz verbergend, nähert sie sich stumm meiner Hütte. Während sie das Essen vor die Tür stellt, ruft sie einmal fragend: «Monsieur?» Eine Antwort nicht abwartend, macht sie kehrt, bevor ich sie begrüßen kann.

Sie bekommt Geld dafür, daß sie mich verpflegt, und dafür, daß sie nicht redet. Das ist gut so. Auch wenn es mir so wohl täte, jetzt, gerade jetzt mit einem Menschen sprechen zu können. Jede Nacht wache ich noch immer mehrmals auf, mit klopfendem Herzen, verfolgt von wirren Bildern, schweißnaß. Dann mit einem Menschen reden können, egal worüber. Oder wenigstens etwas Lebendiges anfassen, warme Haut, hinter der auch ein Herz klopft. Aber ruhiger, beruhigend.

So eine Nacht ist jetzt. Eine milde, windstille Sommernacht mitten in der Natur. Und in meinem Hirn toben die Bilder, haben mich im Schlaf auffahren lassen. Die Hände umklammern den Bettpfosten, als ich zu mir komme. Ich spüre, wie mir der Schweiß den noch immer fast kahlen Schädel hinunterrinnt, ein Gefühl, das ich früher nicht kannte. Das Laken ist feucht. Ich schlage die Bettdecke zurück, setze mich an den alten, wurmstichigen Schreibtisch und zünde entgegen aller sonst notwendigen Sparsamkeit drei Kerzen auf einmal an.

Ich kenne den Inhalt jeder einzelnen Schublade genau. Dem Holzkästchen mit dem Schreibzeug entnehme ich einen Bleistift, spitze ihn ungeschickt mit dem Taschenmesser an. Mit der Hand wische ich über den Deckel eines der ungebrauchten alten Rechnungshefte. Muffiger Staub haftet dunkel an meinen Fingern.

Oben auf den Heftdeckel notiere ich meinen Namen in polnischer Schreibweise: HERSCHEL GRYNSZPAN*, zögere kurz, dann streiche ich ihn wieder durch. Nicht von mir will ich viel reden, sondern von dem, was mich zu dem Menschen gemacht hat, der ich heute bin: ein staatenloser junger Mann, Mörder, Held, ein Attentäter, der nie verurteilt wurde und nie freigesprochen. Und von dem, was mich zwingt, diese Nächte, diese elenden Nächte in dieser elenden Hütte zu verbringen, während alle Welt das Ende des Krieges, die Befreiung von Faschismus und Diktatur feiert.

Ich beginne damit, die letzten Bilder des Traums aufzuschreiben, die ich gerade noch greifen kann: Vater, daheim in der Burgstraße 36 in Hannover, im Wohnzimmer auf dem Fußboden liegend, während Mutter, Berta und Markus ihn suchen, ihn rufen, dabei mit ihren Füßen gegen ihn stoßen, warum sehen sie ihn nicht? Er blutet doch schon von den vielen Tritten. Mutter

* *Deutsch: Hermann Grünspan.*

schreit: «Sendel – komm jetzt sofort hierher!» Doch Vater bleibt ohnmächtig liegen, die Augen geschlossen. Aber er blutet, es muß noch Leben in ihm sein. Ich bin der einzige, der ihn sieht, an seinem Arm rüttelt, sein Leiden fühlt, immer wieder rufend: «Vater, Vater… Tatenju!!»*

Sein Arm ist der Bettpfosten, an dem ich zerre. Es ist nicht Hannover, es sind nicht Vater, nicht Mutter, nicht meine älteren Geschwister Berta und Markus.

Ich bin allein. Ein Zuhause in Hannover gibt es nicht mehr. Auch nicht für Vater und Mutter, für Berta und Markus. Wo mögen sie jetzt sein? Sind sie noch am Leben wie ich?

Als Vater so alt war wie ich jetzt, ist er bereits verheiratet. Sendel und Ryfka Grynszpan leben als orthodoxe Juden in einer kleinen Stadt im zaristischen Rußland. Es wird Jiddisch gesprochen, eine eigene Volkssprache aus deutschen, hebräischen, polnischen und russischen Anteilen. Vater ist von Beruf Schnajder (Schneider).

Es gibt ein kleines jiddisches Lied, das die Armut der Schneider besingt und das auch Vater oft vor sich hinsummt. Eine Zeile daraus lautet:

«A Schnajder nejt un nejt un nejt,
un hot Kadoches, nit kejn Brojt !»
(Ein Schneider näht und näht und näht,
und hat nur Not, aber kein Brot!)

Als Kind hat Vater bereits Pogrome** in seiner Geburtsstadt Dmenin erlebt. Er sieht, wie Soldaten des Zaren durch die engen Gassen des jüdischen Viertels reiten, mit Fackeln und Peitschen herumwirbeln, Fackeln auf Strohdächer werfen, Peitschen auf Menschen niederschlagen, die nicht schnell genug aus dem Weg

* *Jiddisch für: Väterchen (vom polnischen «Tata»: Papa).*
** *Das Wort «Pogrom» stammt aus der russischen Sprache und bedeutet «gewalttätige Ausschreitung gegen bestimmte Minderheiten».*

springen können. So etwas Schreckliches sollen seine Kinder nicht miterleben müssen. Kurz nach ihrer Hochzeit beschließen Sendel und Ryfka zu fliehen. Nach Westen, so weit wie möglich, vielleicht bis Amerika.

Sie kommen bis Hannover. Das wenige, mühsam gesparte Geld ist aufgebraucht. Im April 1911 finden sie ein armseliges kleines Zimmer in der Altstadt. Sofort beginnt Sendel seine Dienste als Flickschneider anzubieten. Er ist 25 Jahre alt, ein geschickter und fleißiger junger Mann. Sendel und Ryfka leben auch hier als fromme Juden, essen nur koscher* und gehen am Schabbat in die Synagoge.

Endlich – im Frühjahr 1912 – geht Ryfkas sehnlichster Wunsch in Erfüllung: Sie ist zum erstenmal schwanger. Ein Kinderbettchen wird gezimmert, Post zu den hoffnungsfrohen Großeltern nach Rußland gesandt. Es ist eine feuchtkalte Nacht im November, als Ryfka spürt, wie die Wehen einsetzen. Die Nachbarin wird gerufen, Sendel kocht Wasser, das Zimmer dampft und schwitzt.

Nachher ist es lange still in dem kleinen überheizten Raum. Kein Jubel, keine Freudentränen. Nur Sendel, der die Hand seiner erschöpften Frau hält, beide stumm, erstarrt, aber doch ganz nah miteinander. Weinen kann keiner von beiden. Die Nachbarin hat das totgeborene Kind bereits in Tücher gewickelt.

Als 1914 in Deutschland die allgemeine Kriegsbegeisterung ausbricht, berührt dies Vater und Mutter kaum. Sie sind offiziell Ausländer, und ihr Herz schlägt für das «Gelobte Land» im fernen Palästina. Was geht sie der aufgestachelte Haß zwischen Deutschen und Franzosen an?

Sendel hat inzwischen einen kleinen Kreis von festen Kunden,

* Koscher essen bedeutet, religiöse Regeln bei der Zubereitung und dem Verzehr von Speisen zu beachten. So dürfen zum Beispiel milchige Gerichte nur getrennt von fleischigen zubereitet werden. Auch ist der Genuß von Schweinefleisch untersagt.

der es ermöglicht, eine einfache Wohnung ein paar Häuser weiter zu mieten. Im Januar 1916 wird die zierliche Berta* geboren, gesund und ohne Komplikationen. Hoffnung weitet zaghaft die Seelen von Ryfka und Sendel. Glück und Segen!

Die russische Oktoberrevolution von 1917 hat nur indirekt Auswirkungen auf die Familie Grynszpan: Die ehemals russische Gegend um Dmenin und Nowo Radomsk wird nach der Neuaufteilung polnisches Staatsgebiet. Sendel, Ryfka und ihre Kinder gelten von nun an als Staatsbürger Polens.

Spürbar haben sie dagegen Anteil an der zunehmenden Verelendung in Deutschland in den letzten beiden Jahren des 1. Weltkrieges: Besonders in den Großstädten werden Lebensmittel rationiert, in den Wintermonaten verhungern und erfrieren vor allem Kinder und alte Leute. Die Menschen im Altstadtviertel nahe beim Hauptbahnhof, in dem auch Sendel und Ryfka wohnen, versuchen auf alle erdenkliche Art, ihr Überleben zu organisieren: Frauen machen Hamsterfahrten aufs Land; die Männer, die nicht zum Krieg eingezogen wurden, weil sie zu alt oder Ausländer sind, handeln und verschieben alles, was sich zu Geld machen läßt. Nach der Herkunft der Waren wird nicht gefragt.

Vater und Mutter halten sich aus allen kriminellen Geschäften heraus. Das heißt einiges um diese Zeit in diesem Viertel. Sie senden unzählige Gebete gen Himmel. Wenn etwas Eßbares beschafft werden kann, wird zuerst Berta versorgt. Wenn sie lacht, wenn sie sanft einschläft und sich nicht vor Hunger in den Schlaf weinen muß, dann erst gestatten sich auch Sendel und Ryfka einen Bissen.

Als Vater noch im Juni 1918, in den letzten Kriegsmonaten, stolz ein Schild mit der Aufschrift «SCHNEIDEREI» neben der Tür des alten Mietshauses anbringt, ist dies eher ein Zeichen

* Sie heißt eigentlich Esther Beile und nennt sich erst später selbst Berta.

seines festen Glaubens an bessere Zeiten als Ausdruck der Wirklichkeit. Einige Nachbarn lächeln mitleidig: «Grynszpan is' meschugge!»

Aber sie achten den kleinen, fleißigen und fast immer in sich gekehrten Mann.

Doch wer sagt's denn – der kleine meschuggene Mann scheint recht zu behalten: Als Ryfka erneut schwanger wird, kann er seine Freude kaum verbergen. Keine Sorge wegen eines weiteren Essers. Um nicht teure Kerzen während seiner Nachtarbeit zu verbrauchen, lernt er gewisse Näharbeiten auch im Dunkeln auszuführen. Er bräuchte ohnehin längst eine Brille, doch daran ist vorerst nicht zu denken.

Aus Anlaß der glücklichen Geburt seines Sohnes Markus im August 1919 * lädt Sendel die Nachbarn zu einem Umtrunk ein. Das Geschenk eines fernen Verwandten in Form einiger Weinflaschen hat's möglich gemacht.

«Le-Chajim! Le-Chajim!» hört man den sonst so stillen Mann bis spät in die Nacht rufen.** Zum erstenmal in seinem Leben ist Sendel betrunken. Noch in der gleichen Nacht stellt er den ersten Gesellen in seiner winzigen Schneiderwerkstatt ein.

Es sind fast genau zehn Jahre her, daß Vater und Mutter nach Deutschland einwanderten, als ich am 28. März 1921 in der Burgstraße 36 geboren werde. So ausführlich Mutter mir über die Geburten von Berta und Markus berichtet hatte, so wenig ließ sich herausbekommen über meine eigene Geburt.

Die ersten Bilder, an die ich mich erinnere: Vater, wie er vor dem kleinen, schiefen Fenster in der Wohnstube hockt und voller Konzentration «nejt». Manchmal summt er dabei eine Melo-

---

* *Es bleibt offen, warum Herschel in seinem Bericht die Geburt weiterer Geschwister nicht erwähnt, die alle bereits im Kindesalter an verschiedenen Krankheiten, eines auch bei einem Verkehrsunfall, sterben. Vorstellbar ist, daß er nicht an schmerzliche Erinnerungen rühren möchte.*

** *Hebräisch für: Prost! (Wörtlich: Zum Leben!)*

Abb. 2: Das Geburtshaus von Herschel Grynszpan in der Burgstraße 36 in Hannover. Hier lebt Herschel bis zu seinem vierzehnten Lebensjahr im Jahre 1935. Die Aufnahme stammt aus der Mitte der dreißiger Jahre.

die aus seiner Heimat. Sonst ist er schweigsam, macht keine unnötigen Worte. Nur bei Kunden endlos geduldiges Nachfragen, eilfertige Höflichkeiten, zuweilen auch Formen von Unterwürfigkeit, die mich traurig machen. Wenn er mir nahe kommt, kitzelt mich sein Bart. Ich darf daran ziehen und spielend hineinfassen. Aber nur, wenn er zu mir kommt. Bei der Arbeit stören, ist streng verboten.

Die ersten Töne, die ich höre: Mutters laute, fast brüllende Stimme, die Scheiben zum Klirren bringen kann, und ihr dröhnendes Lachen, das eine ganz eigene Art von Gemütlichkeit herzustellen in der Lage ist. Sie ist zwar nur ein Jahr jünger als Vater, aber dadurch, daß sie ungemein temperamentvoll ist, wirkt sie um vieles jugendlicher.

Wir sind so an ihre Lautstärke gewöhnt, daß wir jeweils entsetzlich leiden, wenn sie eine ihrer weinerlichen Phasen hat: Dann spricht sie zu niemandem ein Wort und schneuzt sich nur ab und zu verborgen. Wir Kinder wissen dann nie so genau, ob sie jetzt wieder wegen des totgeborenen Geschwisterchens trauert oder ob es Probleme zwischen den Eltern gibt, über die sie nicht in unserer Gegenwart reden wollen. Zu fragen wagen wir nie.

Meine schönsten Kindheitserinnerungen habe ich an die Schabbatabende: Wenn Mutter am Freitagabend ihre besten Sachen anzieht, uns Kindern die Haare kämmt und schließlich die beiden Schabbatkerzen anzündet – das ist unheimlich schön. Vater ist dann nicht mehr der dienende, katzbuckelnde Schneider, sondern ein stolzer Mann, der die Gebräuche aus fünftausend Jahren Geschichte seines Volkes weitergibt. Wenn er das Brot bricht und an uns weiterreicht, dann liebe ich ihn aus tiefstem Herzen. Schabbat Shalom in der Burgstraße 36.

Warum ist so wenig von seinem Stolz zu spüren, wenn er seinen Kunden begegnet? Auch hier ist Mutter anders. Aber sie kritisiert ihn nie direkt, schon gar nicht in der Gegenwart anderer.

Manchmal stemmt sie beide Hände in die Hüften, wiegt leicht den Kopf und sagt ungewöhnlich leise: «Sendel, Sendel…» Nur einmal erlebe ich eine zaghafte Rechtfertigung Vaters: «Du bist eben nicht frei in deinem Glauben, Mejdele. Die Menschen können mich nicht erniedrigen.»

Ich nehme ihm das nicht ab. Es gibt einige Tyrannen unter den Kunden, die einen besonderen Reiz darin sehen, auszuprobieren, wie weit man den armen Schneider Sendel Grynszpan quälen kann. Zum Beispiel die Geschichte mit den Knöpfen.

Es muß schon während meiner Schulzeit gewesen sein: Da hatte Vater für einen Kunden einen Mantel bereits mehrfach umgearbeitet, wobei der Mann jeweils behauptet hatte, einen ganz anderen Auftrag erteilt zu haben und deshalb für keine der Umarbeitungen zu zahlen bereit sei. Eines Abends spät erschien dieser Kunde nun erneut. Ich saß auf einem kleinen Holzhocker in der Nähe des Ofens und hörte jedes Wort.

«Grünspan, Sie Schwachkopf! Schwarze Metallknöpfe hatte ich bestellt! Sind Sie farbenblind? Diese Knöpfe sind dunkelblau oder nicht?!»

Nun war ich selbst dabeigewesen, wie dieser Kerl blaue Knöpfe ausgesucht hatte und keine schwarzen. Ich erbebte innerlich, als Vater sofort unterwürfig zu antworten begann:

«Ach, so sehen Sie mir diesen Irrtum meinerseits doch nach. Ich bin untröstlich und werde selbstverständlich sofort…»

Da hielt ich es einfach nicht mehr aus. Mir rutschte heraus: «Aber ich war doch dabei, Vater, wie der Herr dunkelblaue…»

Weiter kam ich nicht. Denn Vater sprang auf mich zu und schlug mir mit der flachen Hand ins Gesicht, daß ich von meinem kleinen Holzhocker flog. Es war nicht der Schlag, der schmerzte. Weh tat mir, daß er mich verraten hatte, mich, der ich ihm doch hatte helfen wollen.

Keine einzige Träne kam mir, aber mein Herz zog sich zusammen. Ich spüre das noch heute – kannst du dir das vorstellen?

Ich lief, so schnell ich konnte, aus dem Haus, an der Roßmühle entlang zum Leineufer. Dort setzte ich mich in die Böschung an meinen Geheimplatz und wollte zum erstenmal in meinem Leben am liebsten nie wieder heim.

1929 – ich bin jetzt schon in der 3. Klasse – bleiben trotz Vaters Bemühungen auch die letzten Kunden weg. Durch die Weltwirtschaftskrise gibt es Millionen Arbeitslose in aller Welt. Viele Kunden können sich keinen Schneider mehr leisten. Vater muß die Werkstatt aufgeben.

Er fängt an, Altmetall zu sammeln und weiterzuverkaufen, aber es reicht nicht zum Leben für eine Familie mit drei Kindern. Lange weigert er sich, einen Antrag auf die uns zustehende Wohlfahrtsunterstützung zu stellen. Es ist Mutter, die ihn schließlich dazu bringt, indem sie ankündigt, demnächst zu ihren Verwandten in die inzwischen polnisch gewordene, ehemals russische Heimat zu fahren, um dort Geld aufzutreiben.

«Sendel», hört man sie eines Morgens schreien, während sie gleichzeitig beginnt, Wäsche für die Reise zusammenzupacken: «Ich werde allen erzählen, daß du lieber Blech sammelst, anstatt das Notwendige zu tun, um uns vor dem Verhungern zu bewahren!»

Sendel stellt den Antrag. Und Mutter fährt kurz darauf trotzdem. So ist sie nun mal.

Es ist für meine ersten Lebensjahre sicher noch von Bedeutung, daß ich daheim immer der Jüngste bin. Auch unter Gleichaltrigen auf der Straße und später in der Schule bin ich von der Körpergröße her immer der Kleinste. Mein Bruder Markus ist zwei Jahre älter als ich, ein ruhiger und kräftiger Junge, der sich gern in eine Ecke verkrümelt und dort allein vor sich hinspielt, wenn er nicht irgendwelche Gänge für die Eltern zu erledigen hat.

Meine Schwester Berta, fünf Jahre älter als ich, umsorgt mich, spielt mit mir und hält alle Bedrohungen fern, wenn Mutter in der Nachbarschaft arbeiten geht. Zu ihr habe ich das herzlichste Verhältnis. Obwohl ich ihr oft eine Last sein muß, läßt sie es mich nie spüren. Berta hat von der Mutter den Stolz ohne die dazugehörige Lautstärke und vom Vater den Glauben, ohne unterwürfig zu sein. Als ich später zunehmend mit Vater Streit bekomme, Mutter ihre depressiven Phasen hat und mir Markus immer öfter als Vorbild hingestellt wird, da bleibt Berta meine geliebte Schwester.

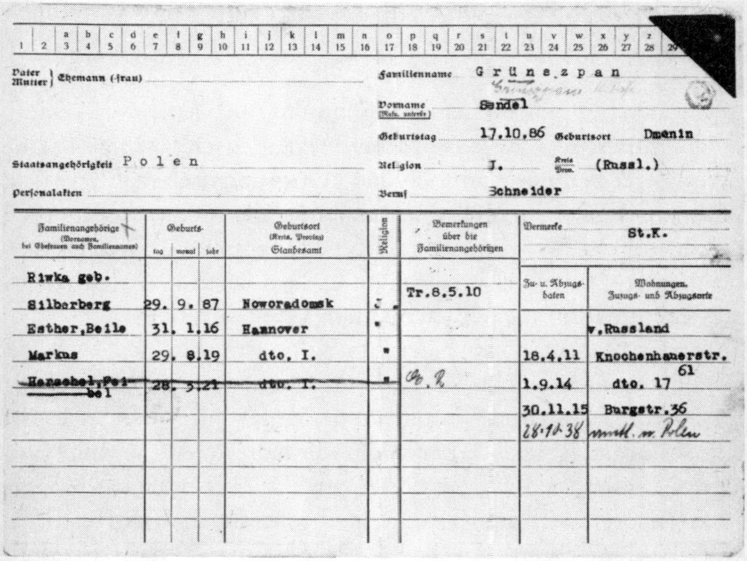

1	2 a 3	b 4	c 5	d 6	e 7	f 8	g 9	h 10	i 11	j 12	k 13	l 14	m 15	n 16	o 17	p 18	q 19	r 20	s 21	t 22	u 23	v 24	w 25	x 26	y 27	z 28	29

Vater / Mutter } Ehemann (-frau)

Familienname G r ü n s z p a n

Vorname (Rufn. unterstr.) Sendel

Geburtstag 17.10.86 Geburtsort Dmenin

Staatsangehörigkeit P o l e n

Religion J. Kreis / Prov. (Russl.)

Personalakten

Beruf Schneider

Familienangehörige (Vornamen, bei Ehefrauen auch Familiennamen)	Geburts- tag	monat	jahr	Geburtsort (Kreis, Provinz) Standesamt	Religion	Bemerkungen über die Familienangehörigen
Riwka geb. Silberberg	29.	9.	87	Noworadomsk	J.	Tr.8.5.10
Esther,Beile	31.	1.	16	Hannover	"	
Markus	29.	8.	19	dto. I.	"	
~~Herschel,Feibel~~	~~28.~~	~~3.~~	~~21~~	~~dto. I.~~	"	Vg. 2

Vermerke St.K.

Zu- u. Abzugsdaten	Wohnungen, Zuzugs- und Abzugsorte
	v.Russland
18.4.11	Knochenhauerstr. 61
1.9.14	dto. 17
30.11.15	Burgstr.36
28.10.38	ausgew. n. Polen

Abb. 3: Einwohnermeldekarte der Familie Grynszpan aus dem Stadtarchiv Hannover.

Volksschule in Hannover

Ostern 1927 werde ich eingeschult. Ich bin so auffallend kleiner als meine Altersgenossen, daß die ältliche Volksschullehrerin während des Einschulungstests meiner Mutter nahelegt, ich solle doch lieber ein Jahr später mit der Schule beginnen. Doch Mutter ist nur empört: «Mein Sohn wird nicht zurückgestellt!» Sie pocht auf das Testergebnis. «Sehen Sie!», wird die wohlmeinende Lehrerin angefahren, «Herschel ist klug genug für Ihre Schule. Er wird Ostern eingeschult und damit fertig!»

Ich bin in der Tat fix und fertig – und muß hin: In die Bürgerschule I, die Volksschule Burgstraße 22, ganz in unserer Nähe. Ich bin der Kleinste in einer Klasse mit fünfundvierzig Schulanfängern.

Und ich bin jüdisch. Außer mir gibt es noch acht weitere jüdische Schüler. Der Rest ist zumeist evangelisch, wenige katholisch. Zwei Schüler kommen aus kommunistischen Elternhäusern und sind «gar nichts». Das jedenfalls meint unser «Herr Lehrer», Fritz W., ein verhinderter Studienrat, Anfang Vierzig, langweilig-deutschnational bis in die Knochen. Bei den Juden, sagt er einmal sinngemäß zu meinem Vater, da gibt es wenigstens noch das Nationale, aber bei den Kommunisten ist nichts, die fühlen da einfach nichts!

Mir tun Ernst und Walter, die beiden Kommunisten in der Klasse, anfangs leid. Aber nicht deshalb, weil sie angeblich nichts fühlen, wo wir anderen jeweils ergriffen sein sollen, sondern weil wir im Grunde nicht verstehen, worüber der Herr Lehrer doziert. Nur daß es nichts Gutes ist, das wird deutlich.

Mein Mitleid kehrt sich jedoch im Laufe der 1. Klasse um: Beide Jungen sind gute Sportler und auch sonst recht aufgeweckt. Schon nach wenigen Wochen haben sie sich in der Klasse trotz aller Abwertungen des Klassenlehrers eine gewisse Position als Anführer erobert. Sie können spannende Spiele organisieren und wissen häufiger als andere von angespülten Schätzen am Leineufer zu berichten. Kurz – ihr Urteil erhält Bedeutung. Wie trifft es mich, als sie eines Tages zu dem Schluß kommen, daß ich eine ziemliche Flasche sei und als Kleinster eigentlich in den Kindergarten gehöre. Daß sie damit im Prinzip recht haben, macht es nur schlimmer.

Gerade als sich mein Mitleid in Bewunderung verkehren will, lassen sie mich, für alle unübersehbar, links liegen. Während die beiden souverän genug sind, es damit bewenden zu lassen, provoziert dies bei anderen Mitschülern alle möglichen Formen von Gehässigkeiten mir gegenüber. Besonders bei denen, die selbst in der Gefahr stehen, zu Flaschen degradiert zu werden. Kennst du das? Ein widerlicher Mechanismus: Diejenigen, die eher schwächer sind und eigentlich zusammenhalten müßten, hauen sich gegenseitig auf die Birne, um ja nur nicht selbst ans Ende der Hühnerleiter zu geraten.

Und so verlief es in meinem 1. Schuljahr mehr als einmal:

Große Pause, Reiterkampf – immer zwei Schüler (einer auf dem Rücken des anderen) kämpfen gegen zwei andere. Wenn der Reiter sich nicht mehr auf dem Rücken des anderen halten kann und seine Füße den Boden berühren, dann hat das andere Paar gewonnen. Die Klasse ist aufgeteilt in zwei Gruppen, die gegeneinander reiten.

Zwei Schüler stehen dabei immer abseits: der dicke Uwe, der als Pferd zu lahm und als Reiter zu schwer ist, der aber gleichzeitig ganz zufrieden scheint, wenn er seine Ruhe hat. Nie zieht er irgendwelche Haßreaktionen auf sich.

Und dann ist da noch Herschel, der Kleine, der doch eigentlich der ideale Reiter ist, der so gern mitmachen würde und nun mit geballten Fäusten am Rande steht.

Geht der Reiterkampf wegen Erschöpfung oder Langeweile zu Ende, dann kommt es nicht selten vor, daß die Verlierergruppe noch eine Aufmunterung braucht. Das läßt sich hervorragend einrichten, indem man sich zum Beispiel Herschel schnappt, ihn anrempelt, ihm die Mütze klaut und herumwirft und langsam, aber sicher zum Kochen bringt. Herschel reagiert verzweifelt, aber zuverlässig: Er schimpft, er fleht, er heult. Schließlich fängt er sich einen besonders harten Schlag. Die Nase beginnt zu bluten oder ein Zahn wackelt. Spätestens jetzt ist der Punkt gekommen, an dem Herschel es nicht mehr aushält und wegläuft. Ein, zwei Male, ganz am Anfang nur, rennt er nach Hause, doch Mutter Ryfka gibt noch zusätzlich was hinter die Ohren. Von da an läuft er nur noch in sein Versteck am Leineufer, das er für solche und andere Zwecke sorgsam hütet. Dieser Herschel, das war einmal ich.

Erst in der 2. Klasse – bei uns war das damals die 7. Klasse (weil rückwärts von 8 bis 1 gezählt wurde und die 1. Klasse somit die Abschlußklasse war) – ändert sich allmählich einiges.

Josef, einer meiner jüdischen Mitschüler, fragt mich eines Tages, ob ich nicht Lust hätte, zur jüdischen Sportgruppe am Nachmittag mitzukommen. Ich bin mir sicher, daß er mich nur gefragt hat, weil dort dauernd Mitgliederwerbung betrieben wird und nicht, weil er mich besonders mag. Aber daß er mich überhaupt fragt, finde ich schon toll.

Wenige Tage später nimmt mich Josef mit. Er erklärt mir, daß unsere Gruppe in Hannover zum deutschen Kreis des MAKKABI-Weltverbandes jüdischer Sportler gehören würde und daß viele Mitglieder schon Reisen in andere Länder hätten unternehmen können. Es gäbe mehrere Turndisziplinen, Schwimmen, Rudern, Leichtathletik, Boxen... Hatte Josef mich schon gewonnen, weil er mich überhaupt gefragt hatte, so bin ich beim letzten Wort endgültig überzeugt: Boxen. Das ist es, was ich zu lernen habe.

Es muß etwas komisch und für Josef wohl auch leicht peinlich wirken, als ich mich bei einem der Gruppenleiter zur Aufnahme vorstelle. Nach dem üblichen hebräischen Gruß werde ich gefragt, wozu ich besondere Lust hätte. Ehrlichen Herzens nenne ich meinen Wunsch und ernte freundliches Gelächter.

«Gehst du überhaupt schon zur Schule?»

«Na klar, ich bin schon lange sieben!» antworte ich, mich so groß wie möglich machend.

Josef verdreht die Augen zur Decke: «Mensch, Boxen geht erst ab zwölf. Daß du nicht mal so was weißt...»

Ich komme also zuerst in eine Turnergruppe. Das hindert mich nicht, in jeder freien Minute beim Boxtraining zuzuschauen und es heimlich nachzumachen.

In meiner Turnergruppe sind außer Josef und mir noch vier weitere jüdische Schüler meiner Klasse. Nun stehe ich zum erstenmal in der Pause nicht immer allein.

Die entscheidende Veränderung steht aber noch bevor:

Ende der 2. Klasse. Während der Sportstunde wird Fußball gespielt. Da die Mannschaften vom Herrn Lehrer eingeteilt werden, gehöre ich als Verteidiger ebenfalls dazu. Josef ist Torwart der Mannschaft, der auch ich angehöre. Das Ende der Schulstunde naht. Alle sind naßgeschwitzt und schon ziemlich außer Puste. Da kommen plötzlich Klaus und Walter von der gegnerischen Mannschaft angestürmt, ohne daß von unseren, außer Josef und mir, noch jemand zur Abwehr dagewesen wäre. Diesmal bleibe ich nicht hilflos stehen oder gehe gar aus dem Wege, wie ich es sonst häufiger getan hatte. Ich springe Walter so zwischen die Füße, daß es zu einer bösen Rempelei zwischen uns allen vieren kommt – unmittelbar vor unserem Tor. Der Ball zischt hart am Tor vorbei ins Aus.

Schrecksekunde. Klaus und ich rappeln uns als erste wieder hoch. Klaus ist rot im Gesicht. Als er bemerkt, daß sein Knie blutet, schreit er los: «Ihr Saujuden!» – und beginnt im gleichen Augenblick auf mich einzuschlagen.

Doch da ist bereits irgend etwas in mir aufgebrochen: Ob ich nun Schuld gehabt habe oder nicht – nun ist keine Gelegenheit mehr, sich zu entschuldigen. Wie schon zigmal beim Schattenboxen allein trainert, nehme ich die Deckungs-Grundhaltung ein und boxe zurück. Ich trete, schlage und beiße um mich und höre nicht einmal auf, als Lehrer W. mich von Klaus wegreißt, indem er meinen Arm herumdreht. Da er mit der anderen Hand versucht, Klaus festzuhalten, schleudert er mich schließlich gegen einen der Torpfosten. Da erst komme ich wieder zu mir.

Es ist mucksmäuschenstill in der Turnhalle. Nur das schwere Atmen von Lehrer W. ist zu hören. Von uns kein Ton.

Dann Lehrer W. leise: «Grünspan, bist du verrückt geworden?» Aus seiner Stimme klingt mehr Erstaunen als Ärger.

Josef zwinkert mir zu. Er und Walter sitzen noch immer an der Stelle, wo ich durch mein Foul die Rempelei zwischen uns vieren ausgelöst hatte.

Lehrer W. hat inzwischen seinen Kommandoton wiedergefunden: «Grünspan, du gehst zur Bank und bleibst da, bis ich Müller verpflastert habe! Die anderen alle zum Umziehen – marsch!!»

Dies ist mein erster vernünftiger Schultag.

Von den Leistungen her habe ich nie besondere Probleme. Ich komme mehr oder weniger mittelprächtig durch.

Nur mit den Hausaufgaben hapert es öfter, aber bei uns daheim ist auch einfach kein Platz dafür. Den einzigen großen Tisch braucht Vater, ebenso den einzigen hellen Arbeitsplatz am Fenster. So schmiere ich die Hausaufgaben oft nur schnell hin.

Manchmal – um ehrlich zu sein – vergesse ich die Hausaufgaben auch völlig. Da bin ich aber nie der einzige in der Klasse, dem das so geht.

Abb. 4: Herschels Klasse in der Bürgerschule I in Hannover mit Klassenlehrer Fritz W. um 1930. Herschel sitzt in der ersten Reihe ganz links.

Viele meiner Klassenkameraden wissen erst von diesem Tag in der Turnhalle her, daß ich regelmäßig zum jüdischen Sportverein MAKKABI gehe. Bald darauf habe ich meinen Spitznamen weg: der «Makkabäer». Vom jüdischen Religionsunterricht in der Betstube her weiß ich, daß die Makkabäer eine führende jüdische Familie gewesen ist, die etwa im Jahre 167 vor Christi Geburt einen Befreiungskampf gegen die Herrschaft des syrischen Königs aufgenommen hatte. Als besonders mutig galt dabei einer der Söhne mit Namen Judas Makkabäer. Ich lese natürlich alles, was ich über die Geschichte dieses Kampfes in der Bibel und darüber hinaus finden kann. Zwar bleibe ich noch jahrelang der Kleinste in der Klasse, aber mit diesem Spitznamen lebt es sich von nun an besser.

Obwohl die Nazis* allmählich stärker werden, bleiben wir jüdischen Schüler innerhalb unserer Klasse bis 1933 relativ unangefeindet. Zwar wird uns von Schülern anderer Klassen auf dem Schulhof ab und zu mal «Jude Itzig!» nachgerufen, aber das ist nicht besonders bedrohlich.

Auch haben wir Ostern 1932 einen neuen jüngeren Klassenlehrer bekommen, von dem erzählt wird, daß er ein Roter sei. Hermann Z., so heißt er, singt neben der Schule in einem bekannten Hannoveraner Arbeiterchor und beginnt auch bei uns jeden Morgen mit einem Lied. Das ist nach den Jahren beim sturen Lehrer W. zunächst ungewohnt, aber bald mögen ihn die meisten gern, ich auch. Antisemitismus gibt es bei ihm nicht.

Einmal erleben wir eine komische Begegnung zwischen ihm und unserem alten Klassenlehrer. Es war üblich, wenn Lehrer W. niesen mußte, daß er nicht etwa «Gesundheit!» oder «Prost!» sagte, sondern «Gott schütze Deutschland!» An jenem Tag steht Lehrer Hermann Z. daneben und bemerkt freundlich: «Und die anderen Länder auch, nicht wahr?»

Als Lehrer W. die Gegenwart einiger Schüler bemerkt, schluckt er seine offensichtliche Wut herunter und zischt nur giftig zurück.: «Von Ihnen, junger Mann, lasse ich mich nicht provozieren, vor Ihnen nicht!» – und geht. Wir können uns ein Grinsen nicht verkneifen. Daß bald darauf der junge Lehrer Z. gehen muß, ahnen wir zu diesem Zeitpunkt noch nicht.

Vater ist zu diesem Zeitpunkt bereits seit fast drei Jahren arbeitslos. Während er anfangs von morgens bis abends unterwegs

* *Abkürzung für Mitglieder der «Nationalsozialistischen Deutschen Arbeiterpartei» (NSDAP), die noch 1928 bei den Reichstagswahlen nur 2,6 % der Stimmen erhielt. 1930 stieg ihr Anteil auf 18,3 %, im Juli 1932 auf 37,4 %. Trotz geringer Verluste bei der Novemberwahl 1932 (33,1 %) wurde die NSDAP durch die Ernennung Hitlers zum Reichskanzler am 30. Januar 1933 («Machtergreifung») zur Staatspartei. Bald darauf wurden alle anderen Parteien von den Nazis verboten.*

war, um doch noch wenigstens ab und zu eine Gelegenheitsarbeit aufzutreiben, sieht man ihn jetzt öfter mit anderen Männern aus unserem Viertel zusammensitzen. «Kadoches» – Armut, Not und Elend –, das wird auch bei uns daheim und in der Schule immer deutlicher spürbar.

Es gibt mehr und mehr Schüler, die keine Hefte und kein Schreibzeug mehr von zu Hause mitbringen können, von der Anschaffung von Schulbüchern ganz zu schweigen. Hermann, wie wir unseren jungen Lehrer inzwischen nennen dürfen, bemüht sich nach Kräften, die Kluft zwischen denen, die noch was haben und denen, die nichts haben, nicht immer größer werden zu lassen. Für alte zerfledderte Schulbücher, die wir Ärmeren bekommen, besorgt er feines Papier zum Einschlagen. Wer zwei leere Hefte hat, wird aufgefordert, eines einem anderen Klassenkameraden abzugeben.

«Jungs», sagt er manchmal, «vergeßt nicht: Wir sind eine Klassengemeinschaft!»

Kurz darauf erfindet er den Klassenfonds: Eines Morgens schleppt er mit zwei Schülern eine alte Holzkiste aus der Turnhalle in unsere Klasse und erklärt:

«Das mit der Armut, Jungs, das ist so: Es liegt alles an der falschen Verteilung. Ob ihr's glaubt oder nicht: Es wächst genug zum Essen auf unserer Erde für alle Menschen. Aber einige nehmen sich mehr, als sie wirklich brauchen, und deshalb haben wir dann hinterher nicht alle genug. Klar soweit?»

«Und was soll die Kiste?» fragt Josef neugierig.

«Ich sag euch mal was: Wir machen das anders – erst mal bei uns im Kleinen. Jeder, der irgendwas übrig hat – ein paar Handschuhe, einen Bleistiftanspitzer oder ein altes Spiel –, der tut das hier im Laufe der Woche herein. Jeden Freitag darf sich dann jeder was wünschen aus der Kiste! Na, wie findet ihr das?»

Offen gesagt, können wir anfangs nicht so recht glauben, daß dies funktionieren soll. Aber Lehrer Hermann hat alles genau überlegt. Jeder, der etwas abgibt für den Klassenfonds, auch wenn es etwas ganz Kleines ist, bekommt einen Gutschein. Damit kann er dann freitags etwas anderes einlösen. Wenn zwei oder mehr Schüler das gleiche mögen, dann wird gelost.

Kannst du dir vorstellen, welchen Spaß uns die Sache mit der Zeit machte? Diejenigen, die nichts von zu Hause mitbekommen, sammeln am Leineufer oder organisieren auf dem Wochenmarkt schöne Glasflaschen, ein Stück Tau, verkupferte Nägel oder Schrauben, auch mal ein richtiges Werkzeugteil. So etwas zieht bei denen, die von daheim abgelegte Kleidungsstücke von älteren Brüdern, ein Kinderbuch oder ein Spiel mitbringen dürfen. Am begehrtesten sind die Gläser mit eingekochter Marmelade, die es ab und zu gibt, oder Obst. Woche für Woche ist auch regelmäßig eine Tafel Schokolade in der Kiste. Wir rätseln ziemlich lange herum, wer das aus unserer Klasse wohl sperden mag.

Als wir schließlich darauf kommen, daß dies wohl nur von dem einen stammen kann – obwohl er es bis zuletzt bestritt –, da können wir uns nicht einmal mehr bei ihm bedanken.

Am Ende der 6. Klasse, einen Tag nach dem 30. Januar 1933, jenem Tag, an dem Hitler Reichskanzler geworden war, erscheint unser Lehrer plötzlich nicht mehr zum Unterricht. Statt dessen kommt unser Schulleiter in die Klasse und teilt uns mit, daß jetzt alles besser werden würde. Wir dürften heute nach Hause gehen und hätten uns morgen früh um 10 Uhr alle klassenweise auf dem Schulhof zu versammeln.

«Und was ist mit unserem Lehrer?» fragt wieder Josef als erster.

«Ich fürchte, euer Lehrer hat sich aus dem Staube gemacht...» Als der Schulleiter unsere fragenden Gesichter sieht, ergänzt er: «Herr Z. wird wissen, warum. Eine bedauerliche Haltung. Kein gutes Vorbild, einfach zu verschwinden, nur weil die eigene politische Meinung unterlegen ist. Ich meine, er hätte sich erklären müssen!»

Es scheint zunächst wirklich paradox: Obwohl wir bis zu diesem Tage einen politisch wachen Lehrer hatten, haben wir doch gerade durch seine Fürsorge und Fröhlichkeit den wahren Ernst der Monate vor 1933 kaum gespürt. Gut, es gab schon mal Straßenschlachten in Hannover, auch manche Pöbelei in unserem Viertel. Aber was das genau bedeutete, begreifen nur die wenigsten von uns Elf-, Zwölfjährigen. Woher auch? Mein Vater scheint an diesem Tag, an dem ich eher aus der Schule komme, jedenfalls längst nicht so erschrocken wie ich.

«Wir müssen uns jetzt nur anständig benehmen», meint er. «Wirst sehen, Herschel, es geht vorbei!» Ach Tatenju, was hast du nur immer geglaubt!

Am nächsten Morgen weht bereits die Hakenkreuzfahne über unserer alten Schule. Wir Schüler stehen klassenweise und in Zweierreihen auf der einen Seite des Schulhofes. Die meisten Lehrer stehen links und rechts von uns. Unter ihnen hält sich zu meinem Erstaunen auch der Schulleiter auf, steht nur stumm da und macht keine Anstalten, nach vorne zu treten und die übliche Rede zu halten.

Statt dessen tritt ein anderer Mensch, den wir alle nicht kennen, auf die Stufen vor dem Portal. Er ist nicht viel älter als unser bisheriger Klassenlehrer, der auch heute wieder nirgends zu erspähen ist. Der Neue scheint keiner von der brutalen Sorte zu sein, trotzdem beäugen wir ihn mißtrauisch und ratlos.

An jedes seiner Worte erinnere ich mich nicht mehr, aber sinngemäß fängt er etwa so an:

«Liebe Schüler, liebe Kollegen, eine neue Zeit ist angebrochen. Es wird für viele von uns Umstellungen bedeuten, aber ich bin sicher: zum Guten!

Wir sind eine deutsche Schule, und als neuer Leiter dieser Anstalt werde ich darauf achten, daß das Deutschtum zu neuem Ansehen gelangt...» So ging das noch eine Weile. «... der Stolz, ein Deutscher zu sein... Deutschland ist erwacht...» Den Rest verstehe ich nicht mehr. Schließlich wird gesungen: «Deutschland, Deutschland über alles...»

Dann geschieht es:

Der neue Schulleiter schließt mit einem kräftigen:

«Schüler und Lehrer dieser Schule – ich grüße euch: Heil Hitler!» Da brüllen zwei ältere Schüler mitten aus unserem großen Haufen zurück: «Heil Moskau!»

Einen Moment Erstarrung. Die Augen des Schulleiters sind zusammengekniffen. Seinen Kopf wendet er langsam und erwartungsvoll zu den Lehrern der Oberklassen. Dort Unruhe, Tuscheln, knappes feindseliges Hin- und Hergezische. Schließlich der Musiklehrer, ein gefürchteter Schläger, im Kasernenton:

«Wertheim und Westenholz – raustreten!!»

Jetzt ist Bewegung bei den Schülern. Ich kenne nur einen der beiden Aufgerufenen vom Sehen aus der Nachbarschaft. Ist er tatsächlich einer der Mutigen gewesen? Noch scheinen die beiden unschlüssig. Andere Schüler bedrängen sie leise mit Ratschlägen.

«Raus!!» schreit der Musiklehrer zum zweitenmal und kommt nun, sich aus der Lehrergruppe lösend, auf uns zu. In diesem Moment drängen sich die beiden Jungen nach hinten aus der Menge und flitzen, so schnell sie können, an den Fahrradständern vorbei zum Hinterausgang der Schule.

Der Musiklehrer macht keine Anstalten, hinterherzulaufen. Die Schüler sind eng zusammengerückt. So als wollten sie zumindest den Fluchtweg sichern, wenn sie sich schon nichts zu sagen trauen.

Während der gesamten Szene ist der neue Schulleiter gelassener Beobachter geblieben. Er spricht mit der gleichen ruhigen Stimme wie vor dem Ereignis.

«Ich sagte, es wird Umstellungen geben. Ihr geht jetzt alle klassenweise in eure Räume. Ab dritte Stunde ist planmäßiger Unterricht!»

Auch wir marschieren ab. In der Klasse angekommen, geht ein wildes Stimmengewirr los: «Mann, die waren mutig!» – «Wo wollen die jetzt hin?» – «Der Vater von dem einen ist heute nacht schon weg!» – «Vielleicht geht die Familie jetzt hinterher?» – «Ob unser Lehrer auch im Ausland ist?» – «Wen kriegen wir wohl als Neuen?»

Obwohl wir früher immer einen Schüler als Türsteher abgestellt hatten, um uns vor nahenden Lehrern zu warnen, haben wir diesen Brauch bei Hermann Z. ziemlich vergessen. So kommt es, daß wir erschrocken zusammenfahren, als plötzlich die bekannte Brüllstimme in unmittelbarer Nähe der Klassentür schmettert:

«Sauhaufen!! In die Bänke! Aber zack!!»

Er ist es tatsächlich. Musiklehrer L. ist auserkoren, unsere angeblich verwahrloste Klasse wieder auf Vordermann zu bringen. Ach, lieber Lehrer Hermann, wenn du uns jetzt sehen könntest: Selten nur waren wir uns in der Klasse so einig wie jetzt: Der Mann vor uns ist ein Arschloch!! Eine Klassengemeinschaft sind wir jetzt. Nur eine verdammt hilflose …

Uns ist – jedenfalls in den nächsten zwei Jahren, so lange ich die Volksschule noch besuche – eigentlich nur ein einziger echter Erfolg bei diesem Menschenschinder gelungen.

Das ist in der ersten Zeit, als der Mann einfach noch nicht alles durchschaut. Als er nämlich beginnt, die Bestände der Klasse zu sichten, wird uns klar, daß wir umgehend etwas zur Rettung unseres Klassenfonds tun müssen, wenn nicht alles in seine Hände fallen soll. Eine gute Aktion: Nach Schulschluß wird die Kiste aus der Klasse zu den Fahrradständern geschleppt, nach Einbruch der Dunkelheit dann auf den Speicher eines Klassenkameraden.

Ich bin Feuer und Flamme, wie fast alle in der Klasse. Um ein Haar hätte ich mein Versteck am Flußufer zum Unterbringen der Kiste angeboten. Hab's dann aber doch nicht getan – war vielleicht auch besser so. Was dann weiter aus dem Klassenfonds geworden ist, weiß ich nicht mehr. Wir hatten ursprünglich vor, die Sache auch allein weiter zu machen. Aber das erwies sich dann doch als zu schwierig.

Es dauert nämlich nicht lange, bis die Methoden des Musiklehrers L., die Klassengemeinschaft zu zerstören, wirksam werden: Er unterteilt unsere Klasse bald in «deutsche Schüler» und solche, die als «Schmarotzer» am deutschen Volk zu betrachten sind. Zu den letzteren gehören Kommunisten, Sozialdemokraten, Pazifisten, Juden und fast alle Ausländer, außer den «nordischen Völkern». Als Jude mit polnischer Staatsangehörigkeit vereinige ich gleich zwei schlechte Merkmale auf einmal in mir.

Eine Gemeinheit besteht zum Beispiel darin, daß «deutsche Schüler» für gute Leistungen sogenannte Orden bekommen: Der betreffende Schüler muß aufstehen, erhält einen Handschlag und einen kleinen Papporden – Nachbildungen von richtigen Orden aus dem 1. Weltkrieg: Eisernes Kreuz I. Klasse, II. Klasse und so weiter…

Wir «Schmarotzer» erhalten gerade mal die Zensur. Zuweilen mit Kommentaren wie: «Na, Grünspan, zusammengeschummelt oder mal selber nachgedacht?»

Mehr als einmal komme ich vor Wut bebend nach Hause. Aber mit meinen Eltern ist darüber nicht zu reden.

Selbst am 1. April 1933, dem Tag, an dem die Nazis zum Boykott aller jüdischen Geschäfte mit Parolen wie «Deutsche – kauft nicht bei Juden!» aufgerufen hatten, bewahren sie Stillschweigen.

Am Vormittag schmieren irgendwelche Banditen mit weißer,

klecksender Schrift «JUDE» auf das mittlerweile von der Witterung angegriffene Holzschild mit der Aufschrift «SCHNEIDEREI». Und Vater bleibt oben in der Wohnung. Er muß es doch auch gesehen haben. Und näht einfach weiter, keine Reaktion, nichts.

Als meine Schwester Berta bereits mittags weinend von ihrer Arbeit als Verkäuferin in einem Bekleidungsgeschäft heimkommt, wagen sie nicht nachzufragen. Sie wollen es einfach nicht wissen. Stellen sich bei lebendigem Leibe tot.

Berta erzählt auch mir nicht, was sie erlebt hat. Aber ich setze mich lange zu ihr an diesem Nachmittag, streichele ihren Rücken und ihren wunderschönen Hals. Wie zwei kleine Kinder schmiegen wir uns aneinander, verharren so schweigend bis zur Dämmerung.

Anfang 1934, nach fünf Jahren Arbeitslosigkeit, kann Vater wieder seinen Beruf als Schneider aufnehmen. Die allgemeine Arbeitsnot ist etwas zurückgegangen, was sich auch auf sein Geschäft auswirkt.

«Siehst, Herschel», meint er, «ist alles nicht so schlimm, wie uns die Schreier glauben machen wollen. Glaube mir, woanders ist es auch nicht besser. Ich weiß, wovon ich spreche...»

Ich kann mich damit nicht abfinden: «Wir haben nichts getan und werden wie Dreck behandelt. Wie kannst du das nur alles so schlucken, Vater?»

«Nichts schlucke ich, Herschel, nicht ein bißchen. Aber ich will nicht mein ganzes Leben nach dem Äußeren ausrichten. Soll ich wieder davonlaufen? Junge, man kann nicht immer aufbrechen. Kannst du das nicht begreifen?»

«Aber warum wehrst du dich nicht?» Ich spüre, daß wir zum erstenmal wie Erwachsene miteinander reden und kann nicht lockerlassen.

«Ich wehre mich doch. Siehst du nicht, wie ich mich wehre,

wenn ich meinem Glauben treu bleibe? Wenn ich versuche, die Schriften zu verstehen und aus ihnen zu lernen?» Vaters Augen blitzen hinter seinen Brillengläsern. Aus tiefstem Herzen spricht er zu mir, das fühle ich. Aber ich kann doch nicht so fühlen wie er. Wie kann man die Welt so lassen, wie sie ist, wenn sie einen selbst nicht sein läßt, wie man sein möchte? Und doch sind wir uns so nahe in diesem Moment wie später nie wieder. Ich verstehe ihn, seine Lebensgeschichte – und will doch so nicht werden. Und er versteht mich. Sein sorgenvoller Blick hat etwas Weiches, fast Zärtliches.

Ich mag jetzt nicht mehr im einzelnen schildern, was sich in meinen letzten Schulwochen bis Ostern 1935 mit Musiklehrer L. in unserer Klasse abspielte. Wenn jemand uns paar Juden mit «Drecksjude» oder «Itzig» ansprach, dann durften wir nicht widersprechen, sondern hatten in seiner Gegenwart anständig zu antworten. Er schaffte es, innerhalb weniger Wochen die Klasse vollends zu spalten. Dies schmerzte um so mehr, als ich doch gerade das erste Mal in meinem Leben so etwas wie ein gleichberechtigtes Miteinander während der wenigen Monate mit unserem jungen Lehrer erlebt hatte. Ein Teil der Schüler lernte, die anderen zu bespitzeln. Der andere Teil lernte, sich zu verstellen: In der Anwesenheit des Lehrers Gleichgültigkeit mimen – und im Herzen auf Rache sinnen.

Mein Abgang kam schließlich unerwartet schnell. Man kann sagen, ich bin in die Falle gegangen. Vielleicht wollte ich aber auch gar nicht aufpassen. Jedenfalls in dem Moment nicht mehr. Es gab längst keine langen Prügeleien mehr zwischen Juden und Nichtjuden in der Schule. Wir konnten es uns nicht erlauben, uns in so etwas verwickeln zu lassen. Und doch gab es kurze gezielte Schläge in den Magen, auch mal einen harten Tritt gegen das Schienbein für den, der es zu toll trieb.

Es war das weiße Hemd, das mir Berta von ihrem ersten Lohn

gekauft hatte, auf das mein Hintermann Tintenflecke gespritzt hatte. Das mußte in der Zeichenstunde gewesen sein. Jetzt, beim Umkleiden in der Turnhalle, sehe ich die Spritzer auf dem Hemdrücken. Ich halte das Hemd noch in der zitternden Hand, als ich sein grinsendes Gesicht bemerke. Nur ein paar Schritte entfernt, am Ende der Bank steht er und grinst. Gar nicht mal provozierend, vielleicht selbst unsicher. Ich weiß es nicht.

Er ist keinesfalls schwächer als ich. Ich gehe langsam auf ihn zu – und bin fast erstaunt, als mich sein erster Schlag über dem Auge trifft. Es wird ein harter Kampf, verbissen, stumm, ohne Grölerei der Kameraden. Wir ringen, schlagen hart und mit der Genauigkeit von Älteren. Blut läuft aus seiner Nase, bei mir aus einer Wunde am Unterarm, die ich mir beim Stürzen über die Bank hole. Allmählich beginnen die Kräfte nachzulassen, das Flimmern vor den Augen wird stärker. Keiner trennt uns. Schließlich, nach einer ewigen Zeit, geben wir beide auf. Schwindelig wanke ich zum Waschbecken, will mir Wasser über den Kopf laufen lassen. Es ist der Musiklehrer, der meine Hand vom Wasserhahn wegreißt und mich auf die Bank zurückstößt. Seine Stimme klingt ungewöhnlich leise, wie von Ferne:

«Verschwinde, Grünspan, für immer! Für dich ist hier kein Platz mehr!»

Wie lange ich so gesessen habe, kann ich nicht mehr sagen. Die anderen sind längst draußen beim Sport, als ich immer noch allein im Umkleideraum sitze. Keine Ahnung, wo der Junge geblieben ist, mit dem ich mich geschlagen habe.

Irgendwann stehe ich mühsam auf. Jeder einzelne Knochen schmerzt. Meine Schulsachen lasse ich liegen. Das Hemd meiner Schwester ist noch schmutziger geworden, einige Schüler haben – vermutlich beim Zuschauen – darauf rumgetrampelt.

Ich streife es mir über den Kopf und stecke es mühsam in die

Volksschulen der Stadt Hannover

Schulzeugnisse

für _Hermann Steinhagen,_

Religionsbekenntnis _evangelisch_

geboren am 28. 3. 1921 in Hannover,

getauft laut Schein vom 24. 5. 1922,

wiedergetauft laut Schein vom 15. 5. 1923

Sohn - Tochter des _Zimmermanns Steinhagen_

als Lernanfänger aufgenommen in die Volksschule Nr. 1

am _Ostern 1927_

Vorbemerkungen

1. Die Eltern oder deren Stellvertreter werden dringend gebeten, die Zeugnisse aufmerksam zu durchlesen und zu unterschreiben. Durch die Unterschrift bescheinigen Sie nur, daß Sie das Zeugnis gesehen haben. Sie bitten in das Zeugnis keine Bemerkungen schreiben, sondern haben nötigenfalls mit dem Klassenlehrer zu sprechen.

2. Die Nummern zur Begrenzung der Leistungen bedeuten:
   1 = Sehr gut   2a = Voll gut   4 = Mangelhaft
   2 = Gut   3 = Befriedigend 5 = Nicht befriedigend

3. Als normal gilt für Betragen, Aufmerksamkeit, häuslicher Fleiß und Ordnung: gut, für Leistungen: befriedigend.

4. Das Zeugnisheft ist jedes Halbjahr beim Anfange der Schule dem Klassenlehrer zurückzuliefern. Es bleibt Eigentum der Schule, bis das Kind die Schule verläßt. Ein beschmutztes oder verlorenes Heft wird gegen Zahlung von 20 Pfg. durch ein neues ersetzt.

307. 36. 19000

Zeugnis für das Halbjahr von Michaelis bis Ostern 19 2 5

Volksschule Nr. 1

Klasse: 2a

Schulversäumnisse mit Entschuldigung: 2 Tage, ohne Entschuldigung: — Tage, Verspätungen: —

Betragen: gut   Aufmerksamkeit: gut   Ordnung: gut

häuslicher Fleiß: gut

Leistungen:

Fach	Note	Fach	Note
Gesamtunterricht:	1	Rechnen:	3
Religion:	1	Raumlehre:	3
Deutsch mündlich:	3	Zeichnen:	3
Deutsch Diktat:	3	Musik:	2
Deutsch Aufsatz:	3	Turnen:	3
Handschrift:	3	Schwimmen:	befriedigend
Geschichte:	3	Nadelarbeit:	1
Heimatkunde:		Hauswirtschaft:	1
Erdkunde:	3	Werkunterricht:	1
Naturkunde:	2	Gartenarbeit:	

Bemerkungen: _geschwänzt_

Unterschriften:

Der Klassenlehrer: _Greve_

Hose. Den Rest des Tages bleibe ich in meinem Versteck am Leineufer. Abends schleiche ich mich erst nach Einbruch der Dunkelheit heim. Es ist gut, daß niemand fragt, woher ich komme und was mit mir los sei. Ihr ewiges Schweigen verliert ein Stück seiner Fremdheit für mich.

Meine Schulzeit ist zu Ende.

In der Rabbinischen Lehranstalt in Frankfurt

Nach dem vorzeitigen Schulabgang gehe ich nun nur noch regelmäßig zum Sportverein und zum jüdischen Religionsunterricht in den «Misrachi», eine zionistisch-orthodoxe Gruppe in Hannover, der auch Vater, Mutter und meine Geschwister angehören.

Dort höre ich Geschichten von den mutigen Männern und Frauen der zionistischen Bewegung, die dafür arbeiten, daß das Volk der Juden nach Erez Israel, dem Land der Väter, wie einst von Moses heimgeführt werde. Gerade bin ich vierzehn Jahre alt geworden, will nicht nur gegen etwas ankämpfen, sondern mich für etwas engagieren. «Lieber ein Licht entzünden, als gegen die Dunkelheit kämpfen», nennt unser Rabbi Shlomo das.

Als ich Vater davon erzähle, daß ich in das «Gelobte Land» im fernen Palästina möchte, hört er ernst zu.

«Höre, Junge», sagt er dann bedächtig. «Eine deutsche

Links, Abb. 5: Aus dem Schulzeugnisheft Herschels: Als Einschulungstermin wird Ostern 1927 angegeben. Die Entlassung wird auf dem Osterzeugnis 1935 ohne Gründe angegeben. Weiter geht hervor, daß Herschel einmal – Ostern 1933 – sitzengeblieben ist.

Schule wird dich nach allem nicht mehr aufnehmen in der Stadt. Laß mich mit dem Rabbi über deine Zukunft reden.»

Noch bin ich zu jung, um auf direktem Wege über den Palästina-Dienst in Berlin einem Kibbuz zugewiesen zu werden. Dort werden vor allem Männer und Frauen mit Berufserfahrung, zumindest mit englischen und hebräischen Sprachkenntnissen, angefordert. Doch Rabbi Shlomo weiß einen Rat: Ich solle zunächst Hebräisch auf der Rabbinischen Lehranstalt in Frankfurt am Main lernen. Die Kosten für die Ausbildung würde der «Misrachi» übernehmen. Ich könne noch im Mai dort beginnen.

Am Abend des 9. Mai 1935 liege ich noch lange wach in meinem Bett. Neben mir steht der alte Lederkoffer. Er ist fest verschnürt, weil ich den alten Schlössern und Scharnieren die weite Reise im Zug nach Frankfurt nur begrenzt zutraue. Es ist eine klare Nacht, und das Mondlicht zeichnet scharfe helle Linien über meine Decke bis zum Fußende. Die letzte Nacht daheim, vertraute Gerüche und Geräusche. Mein Bruder murmelt etwas im Schlaf, irgendwo über uns läßt jemand Wasser laufen, Husten aus der Nachbarwohnung. Nein, ich bin nicht traurig und habe keine Angst vor der fremden Stadt am Main. Es soll meine Zwischenstation nach Palästina sein, dort, wo wir Juden als freie Menschen leben werden. Das ferne Land am Meer, Wüstenland, Palmen und noch wenige Oasen. Wir werden mehr schaffen. Mehr grünes Land, von Sonne beschienenes, fruchtbares Land. Das Fernweh läßt mich erst gegen Morgen in einen leichten Schlaf fallen...

Die «Rabbinische Lehranstalt Jeschiwa» in der Frankfurter Theobald-Christ-Straße 6 wurde 1890 durch den aus Ungarn stammenden Rabbiner Salomon Breuer gegründet. Ihre Aufgabe besteht darin, schulentlassene Jugendliche auf den Beruf eines Rabbiners oder Religionslehrers vorzubereiten. Dafür gibt es an der Schule Kurse in babylonischem und palästinischem Talmud, in jüdischer Philosophie und in Hebräisch. Als mir der Leiter der Anstalt, Rabbiner Dr. Hofmann, dies an meinem ersten Schultag in seinem Büro auseinandersetzt, verstehe ich zunächst überhaupt nichts.

«Aber ich bin doch hier, um mich auf meine Übersiedlung nach Palästina vorzubereiten?»

«Ja, mein Sohn», antwortet der Rabbiner geduldig, «weißt du nicht, daß unsere Kurse fünf Jahre dauern? Schau mal, das Studium der Bücher muß ein gründliches sein!»

Doch ich bleibe beharrlich: «Aber ich will Hebräisch lernen, weil ich das brauchen werde in Erez Israel – geht das nicht bei Ihnen?»

«Selbstverständlich kannst du ausgezeichneten Sprachunterricht bei uns erhalten. Aber wäre ein Hachschara-Ausbildungslager nicht für dich das richtige, Herschel?»

Hachschara? Gehört habe ich schon davon. Ich bitte ihn, mir das näher zu erklären.

«Das sind – zumeist landwirtschaftliche – Ausbildungslager der nichtorthodoxen zionistischen Bewegung. Dort leben Jungen und Mädchen in kollektiven Gruppen, und, um ehrlich zu sein, unsere strengen Gesetze werden dort nicht immer in moralisch einwandfreiem Geiste beachtet.»

Ich ahne, wieso Rabbi Shlomo und Vater mich lieber auf der Jeschiwa in Frankfurt wissen wollen als in einem «moralisch zweifelhaften» Lager des Hachschara. Ich übernehme damals noch kritiklos die Meinung der jüdischen Gruppe, zu der sich Vater und Mutter zählen. Später in Paris werde ich feine Menschen vom Hachschara kennenlernen, ihren Mut und Eifer und auch ihr freiheitliches Denken in vielen Dingen, das mir jetzt in Frankfurt noch fremd ist.

«So höre denn, mein Sohn», fährt Rabbiner Dr. Hofmann nach einer Pause der Bedächtigkeit fort. «Wenn ich abwäge, was ich bisher über dich weiß, dann magst du recht darin haben, daß du dich zunächst auf die Sprachstudien konzentrieren solltest. Nun beziehe zunächst dein Zimmer. Morgen früh hole dir dann vor acht Uhr deinen Stundenplan bei mir ab!»

Die Atmosphäre in der Jeschiwa ist ganz anders als in der Volksschule in Hannover. Es herrscht eine stille Gelehrsamkeit, der sich im Laufe der Zeit kaum jemand entziehen kann. Nie habe ich in den folgenden Monaten erlebt, daß ein Lehrer die Hand gegen einen Schüler erhoben hätte. Bei Rangeleien zwischen jüngeren Schülern ist umgehend ein Älterer zur Stelle, redet sanft und beruhigend auf beide ein. Wenn einer sich einmal gar nicht beruhigen kann, dann nimmt ihn ein Älterer in sein Zimmer mit, läßt ihn dort gewähren und bleibt doch an seiner Seite.

Vielleicht verkläre ich heute einiges in der Erinnerung. Aber es ist für mich so völlig neu und faszinierend, daß es einen tiefen Eindruck hinterläßt. So gehöre ich beispielsweise mit neun anderen Schülern zur schwächsten Sprachgruppe. Doch Lehrer und andere Mitschüler oder ältere Studenten lassen uns dies in keiner Weise fühlen. Eher im Gegenteil, unser Lehrer hat immer große Geduld mit uns und sagt einmal: «Euch gehört die Bewunderung unserer Schule, denn ihr habt es bis jetzt noch am schwersten!»

Nie vorher habe ich mich so angestrengt zu lernen – und Hebräisch ist vielleicht eine schwere Sprache, das kann ich dir sagen! Nach dem ersten Halbjahr, Semester heißt das hier, fragt mich Dr. Kaufmann, ob ich immer noch so gern ins «Gelobte Land» wolle. Ohne nachzudenken antworte ich: «Ja, Herr Rabbiner, dies ist mein größter Wunsch!»

«Herschel, ich schlage dir folgendes vor: Bleibe noch ein weiteres Semester bei uns. Dann verfügst du über einen genügend großen Grundwortschatz, um dich im Lande selbständig bewegen zu können. Ich werde dir von uns alle Empfehlungen mitgeben, damit die zuständigen Stellen in Berlin deinen Antrag auf Auswanderung angemessen bearbeiten wollen. Wie siehst du dies, mein Junge?»

Wie wohl es tut, wenn ein Erwachsener mit einem Jungen redet wie ein Gleicher zu einem Gleichen. Er sieht die Freude in meinem Gesicht. Ich brauche nicht mehr zu antworten.

Die gelehrige Stille in der Jeschiwa wird einmal in der Woche mit den Gesängen zum Schabbat unterbrochen. Und dann vor allem und als Höhepunkt am Ende eines jeden Semesters, mit der Abschiedsfeier für die Schüler und Studenten, die unsere Schule verlassen. Dann wird Horrah getanzt oder Histuwewu, und Erwachsene und Jugendliche sind gleichermaßen ausgelassen.

Als der Tag meines Abschieds gekommen ist, wird mir doch etwas weh ums Herz. Anders als vor einem Jahr, als mich nichts hielt in Hannover und die Sehnsucht nach der Ferne überstark wurde, habe ich hier eine mir bislang unbekannte Form des Zusammenlebens erfahren – die Wärme einer Gemeinschaft.

Für jeden der Aufbrechenden hat unser Schulleiter Dr. Kaufmann einen Briefumschlag mit einem hebräischen Bibelvers bereit, den er persönlich für jeden ausgesucht hat und der uns auf unserem weiteren Lebensweg begleiten soll.

Mein Spruch stammt von Sacharjah 4,6 und lautet:

«Lo b'chajil w'lo b'choach, ki im b'ruch: ...» Es ist der einzige zusammenhängende Satz in korrektem Hebräisch, den ich aus der Schulzeit in Frankfurt bis heute nicht vergessen habe. Ich brauche einige Zeit in der Bahn, um ihn zu übersetzen. Aber es gelingt schließlich:

«Nicht mit Macht und nicht mit Gewalt, sondern durch meinen Geist spricht Gott.»

Was mag Dr. Kaufmann bereits alles gewußt haben, das er uns Schülern und Studenten während der Schulzeit nicht mitteilen wollte? Was mag er darüber hinaus geahnt haben?

49

Von den «Nürnberger Gesetzen» vom September 1935 *, die uns Juden auch vor dem Gesetz in Deutschland zu Menschen zweiter Klasse machen, höre ich auf der Jeschiwa in Frankfurt kein Wort. Kurz nach meiner Rückkehr nach Hannover werde ich um so mehr davon begreifen müssen. Es ist ein regnerischer Frühlingstag, der 15. April 1936, als mich mein Bruder Markus am Bahnhof in Hannover abholt.

Arbeitslos in Hannover

«Shalom, Bruder!» begrüßt er mich noch auf dem Bahnsteig. Seine dunklen, vom Regen nassen Haarsträhnen hängen ihm in die Augen. Kräftig ist er geworden in dem einen Jahr, schon siebzehn inzwischen, die breit gewordenen Schultern spannen das Hemd.

«Keine Schule mehr?» frage ich ihn, spüre seinen festen Händedruck, die harte Haut auf der Innenfläche seiner Hand.

«Lehre», sagt er, wortkarg wie früher. «Beim Klempner Hirsch – du müßtest ihn noch kennen...»

Auf dem Ernst-August-Platz vor dem Bahnhof herrscht das vertraute Treiben von Autos und Fuhrwerken aller Art.

Markus trägt meinen Koffer bis zu einem Kiosk.

«Hör mal, ich hab jetzt nur Mittagspause. Hier, stärk dich erst einmal!»

Er bestellt zwei belegte Brötchen und bezahlt gleich.

---

* Auf dem Reichsparteitag der NSDAP in Nürnberg am 15. September 1935 werden die beiden «Nürnberger Gesetze» erlassen. Sie verbieten 1. die Eheschließung sowie jeden sexuellen Verkehr zwischen «deutschblütigen Ariern» und Juden («Rassenschande») und unterscheiden 2. in «Reichsbürger» mit allen Rechten und jüdische Staatsbürger mit mehr und mehr eingeschränkten Rechten.

«Dir geht's gut, nicht?» frage ich ihn.

«Du weißt, wie eng es daheim ist. Ich hab die Stelle noch nicht lange und bin reichlich froh darüber. Es ist schwer, sag ich dir, überhaupt etwas zu finden. Was willst du denn jetzt machen?»

«Nach Palästina», antworte ich ernst.

Markus zieht die Augenbrauen hoch: «Mann, Bruder, wovon willst du das machen?»

«Vielleicht kann Vater mir etwas leihen? Markus, versteh doch, ich will nicht in Deutschland bleiben...»

«Klar verstehe ich dich. Aber sei kein Kindskopf – ohne Geld, ohne Beruf, das ist Mist. Da kommst du nicht weit. Ich sag dir, nach der Lehre haue ich auch ab. So mußt du's machen!»

«Markus, ich will erst mit Vater sprechen...»

Wie früher ist mein Bruder der vernünftigere von uns beiden. Recht hat er. Ich kann ihm nicht widersprechen und fürchte, Vater wird's ähnlich sehen.

Erst am Abend, nachdem der letzte Kunde weg ist, hat Vater Zeit für mich, schaut mich lange an.

«Was hast du gelernt, Herschel, in dem einen Jahr?»

«Hebräisch, so einigermaßen.»

«Nein, ich meine, was hast du gelernt für deine Seele?»

«Ich will hier nicht bleiben in Deutschland. Daran hat sich nichts geändert. Vor einem Jahr hast du gesagt, ich müßte erst nach Frankfurt, bevor ich nach Palästina dürfte. Was ist jetzt, Vater?»

«Es ist schwieriger geworden, Junge. Schwieriger, herauszukommen und schwieriger, woanders wieder reinzukommen. Weißt du das? Die Engländer lassen nur noch Leute mit Berufsausbildung in ihr Mandatsgebiet in Palästina – oder Leute mit sehr viel Geld. Beides hast du nicht!»

«Soll ich etwa in Hannover bleiben, Vater?» Mein Herz beginnt schneller zu klopfen. Worauf will er hinaus?

«Du wirst zunächst weiter warten müssen. Und die Wartezeit solltest du nutzen, um einen Beruf zu lernen. So wie dein Bruder Markus!»

«Nein, Vater, ich will weg. Ich kann nicht immer noch länger warten. Nachher kann man gar nicht mehr raus!»

Der Vergleich mit Markus ärgert mich. Er ist ein ganz anderer Mensch als ich. Was für ihn gut ist, muß für mich noch lange nicht gut sein. Auch Vater scheint jetzt die Geduld zu verlieren.

«Bilde dir nicht ein, etwas Besseres zu sein, Herschel!» Seine Stimme klingt ungewohnt hart. «Du bist es nicht!»

Ohne ein weiteres Wort gehe ich enttäuscht aus dem Zimmer. Tief in mir spüre ich die Berechtigung der Worte des Vaters, aber mein Herz begehrt auf. So sehr habe ich darauf gesetzt, meinem Traum ein Stück näher gekommen zu sein, daß ich jetzt nicht einfach alles wegpacken kann.

Als die Familie schon schläft, sitze ich noch auf den Treppenstufen vor unserem Haus. Berta ist noch bei einer Freundin, und ich möchte auf sie warten an meinem ersten Abend.

Ich erkenne ihre Gestalt sofort, als sie von der Straße in unseren Hof einbiegt. Als ich schon aufspringen und auf sie zulaufen will, sehe ich, daß sie nicht allein ist. Sie steht jetzt direkt in der Hofeinfahrt im Schatten des alten Schuppens, und vor ihr sind deutlich die Umrisse eines jungen Mannes zu erkennen. Kein Wort ist zu hören, nicht einmal Flüstern. Sie halten sich nur an der Hand.

Dann streicht Berta ihm über die Wange und läuft plötzlich los zu unserer Haustür, beschwingt hüpfend und ausgelassen. Fast rennt sie mich über den Haufen:

«Nein, Herschel, Junge – bist du's wirklich?»

Voller Freude fallen wir uns um den Hals. Mit unterdrücktem Lachen flüstere ich ihr ins Ohr:

«Deine Freundin ist ganz schön kräftig gebaut, nicht?»

Sie kichert zurück: «Wenn du nur ein Sterbenswörtchen sagst, ziehe ich sofort meine Wasserpistole!»

So vergnügt wie wir sind, können wir unmöglich nach oben gehen. «Komm, wir spazieren noch einmal um den Block. Ich bin so glücklich, daß ich sowieso kein Auge zumachen kann. Seit wann bist du denn bloß zurück?»

Atemlos berichten wir uns gegenseitig: Ich vom Gespräch mit Markus und Vater, sie von einem achtzehnjährigen Lehrjungen aus ihrem Geschäft, zwei Jahre jünger als sie selbst und von ihrer absolut streng geheimen Liebe, weil natürlich weder im Laden noch daheim irgend jemand etwas davon erfahren darf.

«Aber wir bleiben zusammen, wir schaffen das, du wirst sehen, Herschel. Er ist so schön und so lieb zu mir, das kannst du dir nicht vorstellen. David heißt er…»

«Na, wenigstens nicht Goliath», unterbreche ich sie grinsend.

Auch sie muß lachen: «Weißt du, wie schön es ist, daß du wieder da bist? Du bist doch der einzige Mensch, mit dem ich darüber reden kann!»

Plötzlich werde ich wieder ernst: «Aber, Berta, verstehst du auch mich? Ich will wieder weg, ich will nicht mehr in Deutschland leben!»

«Verstehen? Mehr als das! Ich kann dir nur sagen: David und ich wollen auch weg. Wir haben schon begonnen zu sparen. Wenn er einundzwanzig ist, werden wir heiraten und dann sollst du mal sehen, wie schnell wir hier verschwinden!!»

«Aber Berta, ich könnte doch jetzt schon weg. Ich will nicht mehr warten!»

Berta hält mich am Arm, bleibt stehen. «Du, es ist noch nicht viel, was wir gespart haben, aber wir müssen so oder so noch drei Jahre bleiben. Wenn ich dir irgendwie helfen kann, werde ich es tun, Herschel. Das ist mein voller Ernst!» Jetzt nehme ich ihre Hand, streichle sie sanft. Das letzte Stück nach Hause sagt keiner ein Wort.

Bereits am nächsten Morgen weckt mich Vater in aller Frühe.

«Mach schnell, Junge, ich habe eine Arbeit für dich. Wir müssen uns vorstellen, bevor ich die Werkstatt aufmache. Nun komm schon!»

Wir, sagt Vater, als bräuchte auch er eine Lehrstelle. Ohne Frühstück laufe ich ihm kurz danach die Burgstraße entlang hinterher.

«Vater, was ist es denn überhaupt für eine Stelle?»

«Klempner, Herschel, wie dein Bruder, das gefällt dir bestimmt! Ein Kollege vom Hirsch sucht jemanden!»

Als wir bei der Klempnerei in der Calenberger Straße auf der anderen Seite der Leine atemlos ankommen, verlassen die Gesellen gerade den Laden, vermutlich auf dem Weg zu Kunden.

An der Art, wie sie uns anschauen, erkenne ich sofort, daß das kein jüdischer Betrieb ist.

«Hast du das gewußt, Vater?» frage ich ihn leise.

Bevor er antworten kann, tritt ein etwa fünfzigjähriger beleibter Mann in die Tür, mustert uns kritisch.

«Wir kommen wegen der freien Stelle», beginnt Vater, höflich seine Mütze ziehend.

«Wegen welcher Stelle», knurrt der Mann unfreundlich zurück.

Mir ist klar, daß jedes weitere Wort überflüssig ist. Aber Vater fängt noch einmal an:

«Wir sind wegen der freien Stelle für einen Klempnerlehrling gekommen!»

«Hör mal», der Mann duzt meinen Vater, «für Juden gibt es hier keine Stelle, verstanden?»

Vater setzt seine Mütze langsam wieder auf. Leise, kaum vernehmbar sagt er: «Das ist nicht richtig von Ihnen!»

Der Klempnermeister wirft uns noch einen verächtlichen Blick zu und knallt seine Tür von innen zu.

Schweigend gehen wir den gesamten Weg zurück. Bevor Vater

in seine Werkstatt geht, schaut er mich noch einmal an: «Solche Menschen hat es immer gegeben. Herschel, wir suchen weiter!»

Ehrlicherweise muß ich sagen, daß ich mich auch in den kommenden Wochen nicht sonderlich anstrenge. Ein paarmal folge ich einigen Zeitungsannoncen, aber wenn die Stelle nicht ohnehin schon weg ist, dann werden doch erst die Jungen mit einem Volksschulabschluß genommen. Bei einem nichtjüdischen Betrieb stelle ich mich erst gar nicht mehr vor.

Nach einiger Zeit erlahmt auch Vaters Einsatz in der Sache.

An einem Schabbat, auf dem Heimweg von der Synagoge, spricht uns der jüdische Uhrmacher Katz an: «Sendel, verstehen tu ich deinen Jungen schon! Hier in Deutschland wird doch ein Hund besser behandelt als wir. Wenn das mit dem ‹Gelobten Land› heute und morgen nichts wird, warum geht er dann nicht in ein anderes europäisches Land? Hast du nicht einen Bruder in Belgien und einen in Frankreich, Sendel?»

An sich mag ich Herrn Katz nicht besonders gern. Er redet immer viel, vor allem über anderer Leute Dinge, aber dieses Mal spitze ich doch die Ohren.

Vater reagiert, wie ich wohl auch an seiner Stelle reagiert hätte:

«Ja, ja, Benjamin, das ist sehr freundlich von dir, daß du dir unseren Kopf zerbrichst. Schabbat Shalom!»

Doch ich merke, daß auch ihn der Gedanke beschäftigt. Keinesfalls werde ich ihn jetzt dabei stören.

Es braucht bis zum nächsten Morgen, ehe mich Vater wieder anspricht. «Sag Herschel, wie lange ist dein Paß noch gültig?»

«Bis zum Juni 1937, Vater!» Er hatte ihn selbst für mich beim polnischen Generalkonsulat 1935 beantragt, als ich schon nach Frankfurt aufgebrochen war. Noch im Juni des Jahres erhielt ich ihn mit der Nummer 158535.

«Wenn du willst, Junge, dann schreibe ich an meine Brüder Wolf in Brüssel und Abraham in Paris, ob sie bereit wären, dich aufzunehmen. Aber nur, wenn du dort etwas Anständiges lernst!»

«Gut, Tatenju, das will ich tun, solange ich auf ein Einreisevisum für Palästina warte!!»

Vater schüttelt den Kopf: «Dickschädel – das bist du, Herschel!» Doch ich spüre, daß er die beiden Briefe bald schreiben wird.

Inzwischen beantrage ich für meinen Paß einen Sichtvermerk bei der Polizei, der mir erlaubt, nach der Ausreise ins Ausland, nach Deutschland zurückkehren zu können. Am 16. Juli 1936 erhalte ich den notwendigen Stempel. In der gleichen Woche trifft ein Brief von Onkel Wolf aus Brüssel ein. Er willigt ein, nicht sehr begeistert, aber immerhin.

Auch das notwendige Einreisevisum für Belgien wird mir überraschend schnell und unkompliziert ausgestellt. Berta meint, das hänge sicher mit den Olympischen Spielen zusammen, die Anfang August in Berlin eröffnet werden sollen. In Hannover und anderen Großstädten in Deutschland werden aus diesem Anlaß sogar extra judenfeindliche Schilder und Sprüche in öffentlichen Gebäuden und auf öffentlichen Plätzen entfernt.[*]

Wenige Tage später packe ich erneut meinen alten Lederkoffer. Alle zusammen nehmen wir noch das Frühstück ein. Es scheint ein heißer Sommertag zu werden. Noch ist es angenehm kühl, aber bereits jetzt ist kein Wölkchen am Himmel zu sehen.

Vater, Mutter und Markus brechen als erste auf – Vater zu

---

[*] *Die Olympischen Sommerspiele 1936 (1. – 16. 8.) in Berlin sind mit 4069 Athleten aus 28 Ländern das größte Sportereignis während der NS-Zeit. Ausnahmsweise dürfen wenige jüdische Spieler in der deutschen Mannschaft mitkämpfen. Um das Ansehen im Ausland aufzubessern, werden darüber hinaus im gesamten Reich antijüdische Parolen für die Dauer der Spiele entfernt.*

einem Kunden, Mutter muß in der Nachbarschaft helfen, und Markus ist auch sonst immer so früh schon dran.

«Wenn du nicht schreibst, gibt's Ärger!» droht Vater lachend, bevor er die Tür hinter sich schließt.

Dann sind Berta und ich allein.

«Komm, Kleiner, ich gehe mit zum Bahnhof! Wir öffnen doch nicht vor neun Uhr.»

Wir schlendern die Burgstraße entlang wie ein Liebespaar. Es macht uns riesigen Spaß, wenn die Leute leicht empört hinter uns herschauen. Berta, die einen Kopf größer ist als ich, hängt mit schmachtendem Blick an meinem Arm. Plötzlich stoßen wir uns in die Seiten und prusten nur so los vor Lachen.

Der Zug wartet bereits in der Bahnhofshalle. Wir haben so getrödelt, daß kaum noch Zeit für einen Abschied bleibt. Da ertönt der Pfiff des Bahnhofsvorstehers.

«Herschel…!» Bertas Stimme erstickt. Ich sehe, daß ihr Tränen die Wangen herunterlaufen.

Dann rollt der Zug auch schon an.

«Grüß David!!» schreie ich noch aus dem Zugfenster.

Woher sollen wir denn wissen, daß wir uns nie wieder sehen werden?

Erfahrungen mit Verwandten in Brüssel

Auch in Brüssel strahlt die Sonne vom wolkenlosen Himmel, als ich am Nachmittag in der belgischen Hauptstadt ankomme. Nur wenige Menschen bevölkern den Platz vor dem Hauptbahnhof, die meisten suchen den Schatten der Halle oder sitzen auf den durch Bäume abgeschirmten Bänken davor.

Die Grenzformalitäten gingen ohne Probleme über die Bühne. Nicht einmal der Zoll schaute in meinen alten Koffer. Sie fragten lediglich nach Devisen, aber Geld hatte ich ohnehin kaum dabei. Vater meinte, Onkel Wolf würde mir sicher über die erste Zeit helfen. Ich selbst hatte diesen Onkel nie persönlich kennengelernt. Er war ein Jahr vor meiner Geburt aus Hannover weggezogen, zuerst nach Kassel, ab Sommer 1933 dann nach Belgien. Sechs Jahre jünger als Vater, mußte er jetzt Mitte Vierzig sein.

Meine Feldflasche mit Wasser hatte ich längst im Zug geleert. Eigentlich war verabredet, daß Onkel Wolf oder Tante Lea, seine Frau, mich direkt vom Bahnhof abholen sollten. Deshalb bleibe ich auch zunächst auf dem Bahnsteig stehen, bis fast alle Reisenden weggegangen sind. Es bleibt niemand übrig, der auf mich zu warten scheint. Zum Glück hat Vater mir die Anschrift von Wolf und Lea Grynszpan notiert: Rue des Tanneries 37. Aber wo mochte das sein?

Am Bahnhofstor stehen ein paar Jungen in meinem Alter. Auf einen von ihnen gehe ich zu und zeige ihm den Zettel mit der Anschrift. Die Jungen hatten mich schon vorher beobachtet und scheinen sich irgendwie über mich amüsiert zu haben. Der angesprochene Junge ist ganz freundlich, versteht aber leider kein Deutsch – und ich kann kein Wort Französisch –, aber er ahnt, was ich will, bittet mich um einen Stift und malt mir dann den Weg zur Rue des Tanneries auf die Rückseite des Zettels. Als ich mich bedanken will, winkt er bescheiden ab. Einer aus der Gruppe der Jungen wirft mir eine Kußhand zu. Alle brüllen los vor Vergnügen. Ich kapiere überhaupt nichts, bin froh, eine Richtung zu wissen, und ziehe los.

Nach wenigen Metern bleibe ich erneut stehen, ziehe mir die Jacke aus, krempele die Hemdsärmel hoch und öffne die obersten Knöpfe meines Hemdes. Der Schweiß läuft nur so herunter. Außerdem bekomme ich allmählich einen Bärenhunger. Ich habe keinerlei belgisches Geld, um mir wenigstens ein Brot kaufen zu können.

Doch die Zeichnung des Jungen stimmt zumindest. Als ich die gesuchte Straße erreicht habe, klebt mir das Hemd am Körper. Die Haustür Nummer 37 steht offen. Endlich, im zweiten Stock ist an einer der Wohnungstüren der Name Grynszpan zu lesen. Die Klingel funktioniert nicht. Ich klopfe. Nichts rührt sich. Nun schlage ich kräftiger gegen die Tür. Schließlich sind Schritte in der Nachbarwohnung zu vernehmen.

Ein alter gebeugter Mann öffnet einen Spalt, soweit es die vorgelegte Kette zuläßt.

Er fragt mich etwas auf französisch. Nicht unfreundlich, eher ängstlich.

Ich zeige auf das Namensschild: «Monsieur Grynszpan?»

«Non!», er schüttelt den Kopf. «Ce soir! Après le travail!»*
Ich verstehe kein Wort. Vermute, daß er meint, daß Onkel Wolf erst später heimkommt.

Bevor er wieder seine Tür schließen will, zeige ich auf meinen Koffer und auf seine Wohnung. Er versteht. Ich darf meinen Koffer bei ihm unterstellen.

Dann laufe ich hinunter auf die Straße. Ich meine, auf meinem Weg vom Bahnhof eine Pumpe gesehen zu haben. Dorthin will ich jetzt.

Schon auf dem Weg ziehe ich mir das naßgeschwitzte Hemd aus. Die Luft kühlt angenehm auf der bloßen Haut beim Laufen. Meine Erinnerung stimmt. Jetzt spielen sogar Kinder an der Pumpe, spritzen sich gegenseitig naß. Zwei Kleinere sind völlig nackt. Erst komme ich mir ein bißchen albern vor mit den ganzen quiekenden Kindern drumherum. Schließlich aber halte auch ich meinen Kopf unter den Wasserstrahl, lasse mir das kühle Naß die Kehle herunterlaufen. Ein dickes Mädchen von vielleicht sechs Jahren pumpt wie verrückt. Sie führt offensichtlich das Kommando.

* «Nein! Heute Abend! Nach der Arbeit!»

Das tat gut! Mit dem Hemd trockne ich mich notdürftig ab, schlendere dann durch einige Straßen, immer sorgsam darauf achtend, daß ich nicht die Richtung verliere, um zur Rue des Tanneries zurückzufinden. In einem nahe gelegenen Park setze ich mich auf eine schattige Bank. Angenehme Müdigkeit überkommt mich. Auch der Hunger ist jetzt kaum noch zu spüren. «Ich bin raus aus Deutschland...» denke ich erleichtert, «...zum erstenmal in meinem Leben!»

Ich muß doch ein wenig eingedöst sein, denn ich komme zu mir, als sich zwei alte Männer, die sich irgendwann auf die Bank dazugesetzt haben müssen, fürchterlich auf französisch zu streiten beginnen. Auch die Sonne steht schon ziemlich tief am Himmel. Ich streife mein Hemd über und laufe zur Wohnung zurück.

Bevor ich diesmal klopfe, lausche ich erst aufmerksam, ob man etwas hinter der Tür hören kann. Tatsächlich – Stimmen, jetzt muß jemand da sein. Auf mein Klopfen hin verstummen die Geräusche, Schritte nähern sich der Tür.

Der Mann, der die Tür weit aufreißt und mich aufmerksam mustert, ohne ein Wort zu sagen, muß mein Onkel Wolf sein. Die Ähnlichkeit mit Vater ist unübersehbar – und doch: Dieser Onkel hat einen völlig anderen Gesichtsausdruck. Er ist hart, verschlossen, keine Spur von Vaters Sanftheit.

«Bist du Herschel, Sohn meines Bruders Sendel?» fragt er mich mit militärischem Unterton, ohne jede Herzlichkeit, geschweige denn Willkommensfreude.

«Ja», antworte ich erschrocken.

Schließlich bittet er mich herein. In der Küche sitzt eine hagere kleine Frau, die scheu aufschaut.

«Hast du etwa nicht mal Gepäck mit?», fragt er gleich darauf.

«Doch, es ist bei Ihren Nachbarn. Ich werde es am besten gleich holen.» Ich traue mich nicht, ihn zu duzen, obwohl er doch mein Onkel ist. Vielleicht will ich es auch nicht.

Der alte Mann aus der Nachbarswohnung nickt freundlich, als er mich wiedererkennt. Schon reicht er mir meinen Koffer. Am liebsten würde ich gleich wieder verschwinden, aber wohin? Also trotte ich zunächst schweren Herzens zurück in die gegenüberliegende Wohnung.

Immerhin fragt mich die Frau diesmal, ob ich einen Teller Suppe haben möchte. Ich nicke stumm, spüre erst da wieder meinen Hunger. Doch ihr Mann kommt umgehend wieder zur Sache:

«So, ich hoffe, mein Bruder hat dir wenigstens Geld mitgegeben? Wir wollen nicht viel. Aber für Kost und Logis, da müßt ihr schon selber aufkommen!»

Ohne zu antworten löffele ich weiter meine Suppe.

«Und wie hast du dir das überhaupt vorgestellt – mit Palästina? Weißt du überhaupt, wie viele Juden hier, in Holland und Frankreich auf ihren Koffern sitzen und Europa verlassen wollen? Aber das ist typisch mein Bruder: Gottvertrauen wie ein kleines Kind! Hast du das etwa von ihm geerbt?»

Die Suppe ist alle. Noch immer kann ich nicht sprechen, weil ich plötzlich gegen Tränen ankämpfen muß. Ich schäme mich. Davon darf der hier nichts merken. Wo bin ich bloß hingeraten?

Endlich habe ich meine Stimme wieder:

«Nein, es geht nur um diese Nacht. Das müssen Sie völlig mißverstanden haben. Ich werde morgen schon woanders ein Quartier beziehen.»

Er runzelt die Stirn.

«Wieso, wo willst du denn hin? Ihr kennt doch sonst niemanden in Brüssel – oder?»

Ich schaue ihm in die Augen, ohne zu antworten. Er fragt nicht weiter nach.

Die Frau – ich kann nicht Tante zu ihr sagen – zeigt mir kurz darauf das Gästebett in einer kleinen Kammer neben der Küche. Als sie die Decken bringt, flüstert sie mir zu:

«Junge, der Onkel ist nicht immer so. Wir haben es hier auch schwer. Warte mal, ein paar Häuser weiter wohnt noch eine jüdische Familie aus Polen. Deren Junge ist gerade nach Amerika ausgewandert. Ich laufe nachher, wenn mein Mann schläft, noch mal rüber und frage. Wenn's geht, gebe ich dir die Anschrift morgen. Wir müssen sehr früh raus – falls du dann noch schläfst, findest du die Anschrift auf dem Küchenschrank. Schlaf gut, Herschel – und besuche mich mal am Nachmittag. Da bin ich öfter allein daheim. Der Onkel kommt nie vor sechs...»

Ihre letzten Worte höre ich kaum noch. Ich falle in bleischweren Schlaf, traumlos und wohltuend.

Als ich aufwache, dringt Straßenlärm durch das offene Fenster. Viele ungewohnte Geräusche, laute Stimmen in fremder Sprache, hupende Autos. Ich vermute Geschäfte oder einen Marktstand direkt unter dem Fenster. Wieder ist ein strahlend blauer Himmel, die Sonne verbreitet bereits sommerliche Wärme.

In der Küche liegt tatsächlich ein zusammengefalteter Zettel unter der Kaffeetasse: «Familie Zaslawsky, Rue de Tanneries 33» ist darauf zu lesen.

Zuerst frühstücke ich jedoch drei große Scheiben Brot mit Marmelade. Dann wasche ich mich in der Küche und ziehe frische Sachen an.

So schnell lasse ich mich nicht unterkriegen.

Das Wohnhaus der Familie Zaslawsky ist genauso alt und baufällig wie Nummer 37. Jedoch funktioniert hier die Klingel.

Eine weißhaarige, jedoch noch kräftige und freundlich dreinblickende Frau öffnet:

«Sie müssen Herschel sein? Kommen Sie nur! Shalom!»

«Kennen Sie meinen Onkel Wolf?»

«Ach, Junge, die arme Lea, die tut uns nur leid. Wegen deinem Onkel, verzeih meine Offenheit, aber wegen dem würde ich keinen Finger rühren. Lea hat mir von seinem gastlichen Empfang dir gegenüber erzählt. Nun komm nur rein!»

Sie zeigt mir das Zimmer ihres Sohnes David. Sofort muß ich an Berta denken. Noch ein David.

«Mein Junge hat studiert», redet sie weiter wie ein Wasserfall, aber keineswegs wie ein bedrohlicher, eher wie ein fröhlich-plätschernder. «Er hat Medizin studiert, jetzt ist er kurz vor dem Examen und, ach, stellen Sie sich nur vor, sein Professor hat ihn mitgenommen, hat ihn eingeladen nach Amerika. Ist das nicht herrlich für den Jungen? Für uns Eltern ist das natürlich schrecklich, aber auch wieder nicht. Wir wollen doch für ihn das Beste. Wenn ich nur wüßte, wie die Stadt heißt, in der er nun lebt. Kennen Sie amerikanische Städte, junger Mann?»

Gegen Mittag kommt ihr Mann heim. Er hilft im Schichtbetrieb in einer Druckerei aus. Eigentlich ist er gelernter Lektor, aber die französische Sprache zu lernen ist in seinem Alter keine Kleinigkeit.

Die herzliche Gastlichkeit der beiden alten Leute, die nicht fragen, ob ich bezahlen könne und schon gar nicht, wann ich wieder abreisen wolle, rührt mich tief. Abends übe ich mit Herrn Zaslawsky französische Vokabeln.

«Das kannst du immer gebrauchen, Junge», sagt er, «und mit mir übt ja sonst keiner. Meine Frau weigert sich, auch nur ein Wort zu lernen. Ist sie nicht reizend dickköpfig?»

Und doch habe ich das Gefühl, hier in Brüssel nicht voranzukommen. Selbstverständlich wage ich nicht, die Zaslawskys auch noch um Geld zu bitten, aber so ganz ohne komme ich einfach nicht von der Stelle. Meinen Ledergürtel und ein Hemd habe ich inzwischen schon heimlich am Bahnhof verkauft, aber auch dieses Geld ist bereits aufgebraucht. Schon nach wenigen Tagen schreibe ich Berta, ob inzwischen eine Antwort von Onkel Abraham aus Paris eingetroffen sei, denn an ihn habe ich aus Kindertagen zumindest noch eine gute Erinnerung. Auch hat er uns später noch zwei- oder dreimal in Hannover besucht. Er ist ganz und gar anders als Onkel Wolf.

Mehr als vierzehn Tage bin ich in Brüssel, als uns eines Morgens der Telegrammbote aus den Federn klingelt.

«Für dich, Herschel», ruft Frau Zaslawsky vom Flur. Da stehe ich auch schon an der Tür und reiße den Umschlag auf:

«Abraham heißt dich willkommen + stop + Boulevard Richard Lenoir 23 Paris + stop + Hast du Visum? + stop + Küsse Berta»

Geliebte Schwester, wie habe ich auf diese Nachricht gewartet!

Beim Frühstück berate ich mit meinen Gasteltern, wie ich ein Visum für Frankreich von Brüssel aus erhalten kann.

Herr Zaslawsky wiegt lange den Kopf.

«Das ist ziemlich tückisch», meint er schließlich. «Du brauchst viel Zeit oder viel Geld oder am besten beides – oder du fährst doch erst einmal wieder heim und regelst das von Hannover aus.»

«Nein, das mache ich auf keinen Fall. Gibt es keine andere Möglichkeit?»

Frau Zaslawsky unterbricht uns, wendet sich an ihren Mann:

«Was ist denn mit deiner Schwester, die in Paris wohnt?»

«Du meinst Golda? Du hast recht, das wäre vielleicht was. Sie kommt am Wochenende aus Ostende und fährt dann über Quievrain nach Paris…» Er wendet sich an mich:

«Weißt du, Junge, meine Schwester, Golda Rosenthal, wohnt in Paris. Und es gibt da den belgisch-französischen Grenzübergang zwischen Quievrain und Valencienne. Der wird viel von Pendlern benutzt, die von einer Stadt zur anderen zur Arbeit fahren. Gibt es da nicht sogar noch die alte Straßenbahnlinie, wo so gut wie nie kontrolliert wird?»

Seine Frau nickt und streicht mir übers Haar:

«Nicht den Kopf hängen lassen, Herschel! Wart mal ab, mit der Golda wird das klappen!»

Hilfe von Onkel Abraham in Paris

Madame Golda Rosenthal ist riesig. In jeder Hinsicht. Ihre Körpergröße und -fülle wird in keiner Weise kaschiert, die Vorliebe für breitkrempige Hüte und weite, wehende Jacken mit Puffärmeln ist unübersehbar. Obwohl sie jünger ist, nehmen sich Herr und Frau Zaslawsky neben ihr wie ihre Kinder aus. Meine Erscheinung verblaßt völlig neben ihr. Aber das ist nicht unbedingt ein Nachteil für das, was wir vorhaben.

«Paris wird dir gefallen, Junge!» schwärmt sie.

An die bevorstehenden Grenzschwierigkeiten hat sie nur wenige Sekunden Nachdenklichkeit verschwendet:

«Können wir dafür, daß die Leute heute an allen Grenzen verrücktspielen? Einreisevisum, Ausreisevisum, Sichtvermerk, vorläufige Aufenthaltsgenehmigung, begrenzte Aufenthaltsgenehmigung... da wird man noch selbst verrückt! Nein, nein, du kommst mit nach Paris. Das wär ja noch schöner. Ich bin bei Valencienne noch nie kontrolliert worden. Das soll mal einer von den Hampelmännern an der Grenze wagen!!»

Damit ist für sie das Thema erledigt. Ich bekomme meinen Mund kaum wieder zu vor Staunen. So kann man als Jude die Dinge also auch sehen? Ein solches Selbstbewußtsein habe ich bei meinen Glaubensbrüdern und -schwestern in Hannover noch nie erlebt. Doch sie scheint nicht anzugeben. Ich fasse Vertrauen zu ihr. Madame Rosenthal ist Madame Rosenthal. C'est ça!

An einem Tag im August 1936 ist es soweit. Von Herrn und Frau Zaslawsky mit Tränen und Proviant herzlichst verabschiedet, verlassen wir Brüssel mit der Bahn und sind bald darauf in Quievrain. Dort besteigen wir die Straßenbahn – wobei Madame nicht wenig Aufsehen mit einem himmelblauen Sommerhut erregt – und zuckeln gemütlich, alle paar hundert Meter anhaltend und neue Fahrgäste aufnehmend, über die belgisch-französische

Grenze. Als ich in dem Moment erleichtert aus der Straßenbahn springen will, zischt mir Madame Rosenthal zu:

«Bist wohl meschugge! Meinst du, Madame Rosenthal läuft nach Paris? Nichts da, wir fahren bis zum Bahnhof von Valencienne. Da kannst du machen, was du willst!»

Am Bahnhof bekommt sie es fertig, nachdem sie mir bereits zwei Hutschachteln zu meinem Lederkoffer dazugeladen hat, noch zwei junge Arbeiter aus der Straßenbahn anzuheuern, um ihre beiden anderen Koffer in die Bahnhofshalle zu schleppen. Die beiden scheinen sich durchaus geehrt zu fühlen, vermuten wahrscheinlich mindestens einen internationalen Filmstar – und Madame Rosenthal tut selbstredend nichts, um diesen oberflächlichen Eindruck zu zerstreuen. Aufmunternd winkt sie beiden zu: «Quai 10, s'il vous plaît!»

Jeder erhält einen theatralischen Handkuß zugeworfen. Trinkgeld ist Madame fraglos zu profan. Nun erst scheint sie mich wieder wahrzunehmen:

«So, und was machen wir jetzt mit dir? Wo wohnt denn dein Onkel in Paris? Hast du wenigstens eine Telefonnummer?»

Ich weiß gar nicht, ob Onkel Abraham überhaupt ein Telefon hat. Als ich ihr seine Anschrift vom Telegramm vorlese, runzelt sie einen Moment die Stirn. Dann erhellen sich ihre Züge:

«Boulevard Richard Lenoir 23, sagst du? Kenne ich, kenne ich! Du fährst bis zum Pariser Ostbahnhof. Dort steigst du aus und triffst vor dem Bahnhof direkt auf den Boulevard de Magneta. Dem folgst du bis zum Place de la Republique. Soweit kapiert?»

Ich nicke aufmerksam.

«Dort fragst du irgendeinen Passanten nach der Straße deines Onkels. Soviel Französisch kannst du doch inzwischen schon, nicht?»

Schließlich erklärt sie mir noch, daß sie einen anderen Zug nach Paris nehmen wird, weil sie bereits an einer Vorortstation aussteigen müßte. Doch mein Zug würde kurz nach ihrem vom gleichen Bahnsteig 10 abfahren.

Zum Abschied schenkt sie mir noch die notwendige Fahrkarte nach Paris. Als ich frage, ob ich sie einmal in Paris besuchen dürfe, runzelt sie in der bekannten Weise die Stirn und meint schließlich bedauernd:

«Ach Herschel, du bist ein so charmanter Junge, aber du kennst meinen Mann nicht. Der ist dermaßen eifersüchtig, das glaubst du nicht. Und so ein kleiner Junge bist du nun auch nicht mehr. Es ist nicht schön von meinem Mann, aber ich kann es nicht ändern. Als ob er einen Grund hätte, so etwas von mir zu vermuten, nicht?»

Es fällt mir schwer, ernst zu bleiben: «Wirklich, Madame Rosenthal, ich kann Ihren Mann auch nicht verstehen…!»

Mit viel Geschrei und unter Beteiligung des Schaffners sowie zweier anderer Fahrgäste wird schließlich ihr Gepäck im Zug verstaut. Kurz darauf dampft Madame Rosenthal mir voraus nach Paris.

Ihre Wegbeschreibung erweist sich als zuverlässig. Bereits am Spätnachmittag stehe ich vor der Wohnung von Onkel Abraham und Tante Chawa. Es riecht vertraut im Treppenhaus. Die beiden betreiben eine kleine Schneiderei wie Vater.

Wie anders ist hier der Empfang als in Brüssel!

Tante Chawa öffnet die Wohnungstür, stutzt einen kurzen Moment und streckt mir gleich darauf beide Hände entgegen: «Herschel, Junge, sei willkommen!»

Dann ruft sie in die Wohnung hinein: «Abraham – Herschel ist da – nun komm schon!»

Onkel Abraham ist dreiundvierzig Jahre alt – ein großer, stattlicher Mann. Als er im Türrahmen erscheint, sagt er zunächst gar nichts, nimmt mich in seine Arme und hält mich voller Wärme fest.

«Also, so geht das nicht! Ich will auch etwas von Herschel

haben!», damit zieht uns Tante Chawa in die Wohnung und schließt die Tür.

Ihr Appartement ist klein: Gerade zwei Zimmer – ein Schlafzimmer und ein Wohn-, Arbeits- und Eßzimmer sowie eine kleine Küche. Aber es ist alles vollständig und gemütlich eingerichtet. Viele Familienbilder an den Wänden und Blumentöpfe vor den Fenstern. Seit 1923 leben die beiden kinderlos in Paris.

Im Wohnzimmer hat Tante Chawa ein Sofa für mich reserviert und bereits mit Extra-Decken und Kissen ausgestattet. Außerdem haben sie in einem alten Eichenschrank zwei abschließbare Fächer für meine Sachen reserviert.

Inzwischen hat mich Tante Chawa mit nachdenklichem Blick durch ihre starken Brillengläser gemustert:

«Herschel, du siehst nicht gut aus! Weißt du das? So blaß und völlig abgemagert... hat sich Wolf Grynszpan wieder von seiner besten Seite gezeigt?»

Auch Onkel Abraham fragt mich ernst: «Junge, stimmt es, daß du kein gültiges Visum hast? Versteh mich nicht falsch: Du sollst dich hier wohl fühlen bei uns, als wärst du unser Sohn. Aber gerade deshalb wollen wir das bald in Ordnung bringen, ja? Nicht nur, weil wir uns strafbar machen, sondern auch weil du hier sorgenfrei leben können mußt. Egal wie lange es noch dauert, bis dein Herzenswunsch Palästina in Erfüllung geht...»

Ich berichte ihnen ausführlich von meinem Aufenthalt in Brüssel, auch von dem freundlichen Ehepaar Zaslawsky und Madame Rosenthal. Es tut mir gut, daß wir Jiddisch miteinander sprechen können. So sitzen wir zusammen, bis der Abend dämmert und Tante Chawa zwei Kerzen anzündet, um die gemütliche Stimmung zu erhalten. Bevor wir zu Bett gehen, schreiben wir noch gemeinsam einen Brief an meine Eltern und Berta und Markus. Onkel Abraham versichert Vater, daß er gut für mich sorgen werde und gleich morgen mit mir zum Hilfskomitee für jüdische Emigranten in Paris gehen wolle, um die Paßangelegenheiten in Ordnung zu bringen. Gleichzeitig bittet er Vater, ihm eine Bescheinigung auszustellen, damit er die offizielle Fürsorgepflicht für mich übernehmen könne, da ich noch minderjährig sei und meine Unterschrift in rechtlichen Angelegenheiten nicht zähle.

Vor dem Schlafengehen bin ich eigenartig berauscht und erhitzt. Es war erregend, in der vertrauten Sprache über so viele nahe und familiäre Dinge mit Menschen sprechen zu können, die ich bis dahin doch eher aus Erzählungen und von wenigen Begegnungen aus früher Kinderzeit her kannte.

Als Tante Chawa mir «Leila tov!»* sagt, streicht sie mir noch einmal sorgenvoll über die Stirn:

«Du bist so heiß, Herschel – geht es dir wirklich gut?»

Obwohl ich kurz danach in tiefen Schlaf falle, bewahrheitet sich ihre Vorahnung noch in der gleichen Nacht: Stechende Magenkrämpfe reißen mich aus dem Schlaf, irgendwann nach Mitternacht, alles ist ruhig und dunkel im Haus. Noch benommen reagiere ich nicht schnell genug und muß mich auch schon übergeben, kann den Kopf gerade noch über den Rand des Sofas halten. Mir ist hundeelend, und ich schäme mich entsetzlich. Wenn ich nun nur nicht gleich wieder alles zerstört habe... Als ich kurz darauf mit zitternden Knien und so leise wie irgend möglich in der Küche nach einem Eimer und einem Wischlappen suche, geht plötzlich das Licht an. Onkel Abraham ist aufgewacht, reibt sich die Augen im hellen Schein der Küchenlampe:

«Los, Junge, schnell ins Bett mit dir – laß mich das mal machen!» Wir flüstern beide, um die Tante nicht zu wecken.

«Ist dir das Abendessen nicht bekommen?»

* Hebräisch für: Gute Nacht!

«Wenn ich das wüßte… dabei hab ich doch jetzt alles. Was ist nur mit mir los?»

Auch er legt mir die Hand auf die Stirn: «Du hast ziemlich hohes Fieber. Was macht dein Magen jetzt?»

«Geht so. Tut noch weh, aber längst nicht so wie vorher.»

«Gut, dann wollen wir jetzt keinen Arzt holen, sondern bis morgen früh warten. Bitte klopfe sofort an unsere Schlafzimmertür, wenn du irgend etwas brauchst!»

Noch lange liege ich wach auf dem Sofa, voller innerer Unruhe. Sobald ich die Augen schließe, sehe ich wilde und verwirrende Bilder. Das wird das Fieber sein. Als es mir wirklich nicht so gutging anfangs in Brüssel, da hat mich nichts umgeworfen. Aber nun, wo ich mich eigentlich entspannen könnte, spielt mein Körper verrückt, läßt heraus, was mich bedrückt. Zum erstenmal, seit ich von daheim weg bin, fühle ich mich wirklich zerrissen zwischen der Sehnsucht nach meiner Familie und vor allem nach Berta und dem Wunsch, von Deutschland so weit weg wie möglich zu kommen – nach Palästina. Wenn ich nur erst dort wäre, würde es mir doch vielleicht gelingen, sie auch eines Tages herüberzuholen in das Land unserer Väter. Als es draußen allmählich hell wird und die ersten Vogelstimmen zu hören sind, setzen die Magenschmerzen noch einmal ein. Ich schleiche leise zur Toilette. Diesmal schießt der restliche Mageninhalt unten raus. Danach kann ich endlich in Schlaf fallen, höre nicht einmal, als Onkel und Tante aufstehen und sich leise zurechtmachen, um mich nicht zu stören.

Erst als laut die Wohnungstür zuschlägt, wache ich auf. Es ist bereits heller Tag, die Tante sitzt an einer Nähmaschine am Fenster, repariert still etwas am Keilriemen. Onkel Abraham war derjenige, der die Tür hat zuschlagen lassen, er ist von irgendwoher zurückgekommen und steuert nun direkt auf mein Sofa zu.

«Na, wie geht's unserem Patienten?» Und zu seiner Frau

gewandt: «Hat er bis eben geschlafen? Das ist gut, sehr gut!»

Das Fieber ist etwas gesunken, die Magenschmerzen sind wesentlich geringer. Nur Appetit habe ich nicht. Tante Chawas Frühstück lasse ich unangerührt, trinke nur ein wenig lauwarmen Tee.

«Ich war heute morgen gleich in der Rue de la Durance, bei dem Komitee, von dem ich dir erzählt habe. Da mußte ich einen Antrag für eine Ausländerkennkarte stellen, der noch heute an das Innenministerium gesandt wird. Die Leute dort haben mir auch geraten, zu unserer Polizeipräfektur im hiesigen Arrondissement zu gehen und dich hier polizeilich anzumelden. Die machen das wohl, wenn ich gleichzeitig den Antrag vorlege. Kann aber sein, daß wir eine Strafe wegen des fehlenden Visums bezahlen müssen…»

All dies teilt er mir in freundlichem Ton mit, keine Vorwürfe wegen all der Unannehmlichkeiten.

«Onkel, ich will aber dafür arbeiten, wenn du für mich eine Strafe bezahlen mußt!»

Onkel Abraham lächelt geduldig: «Weißt du, was du mußt? Gesund werden – und das bald! Einverstanden?»

Am Nachmittag nimmt er sich noch einmal frei und läuft zum zuständigen Polizeirevier. Als er zurückkommt, berichtet er, daß er ein Zertifikat unterschreiben mußte, wonach er sich verpflichtet, für meinen Unterhalt zu sorgen und mir eine Berufsausbildung zu verschaffen. Darüber, daß er gleichzeitig Strafgeld wegen meines fehlenden Visums bezahlen mußte, verliert er kein Wort. Ich erfahre es erst Jahre später. 100 Francs hat Onkel Abraham an diesem Tag für mich bezahlt. 100 Francs – das ist eine Menge Geld!

Als nach drei Tagen die Magenschmerzen noch immer nicht weg sind und sich auch keinerlei Appetit zeigt, bittet Onkel Abraham eines Abends Doktor Goldmann, ob er nicht nach

Praxisschluß zu uns kommen könne, um meinen Zustand einmal genauer zu untersuchen. Dr. Goldmann, ein kleiner grauer, älterer Mann, nicht viel größer als ich, horcht ab, klopft, befragt mich. Er nimmt Tante Chawas Einladung zum Abendessen an, weicht konkreten Nachfragen eine Weile aus. Schließlich verrät er doch seine Diagnose: «Also, wenn Sie nicht erst fünfzehneinhalb Jahre wären, junger Mann, würde ich glatt auf ein Magengeschwür tippen. Es sind nicht die typischen Symptome einer Magen-Darm-Grippe allein, die Sie in den letzten Tagen umgeworfen haben. Tun Sie sich einen Gefallen und beobachten Sie's aufmerksam, essen Sie nichts Scharfes, keinen Alkohol, keine Zigaretten!»

Als Onkel Abraham nach der Rechnung fragt, winkt Dr. Goldmann ab: «Ihre Frau hat mit ihrem gelungenen Mahl schon überbezahlt! Gute Nacht allerseits und gute Besserung, junger Mann!»

Die beruhigenden Tabletten, die er dagelassen hat, scheinen doch allmählich zu wirken. Nach weiteren drei Tagen stehe ich auf, wasche mich gründlich und mache einen ersten kleinen Spaziergang um den Block. Als ich zurückkomme, drückt Tante Chawa ihre Wange an meine, sagt erleichtert:

«Heute siehst du den ersten Tag vernünftig aus. Wenn wir jetzt noch ein bißchen Fleisch auf die Knochen bekommen...»

Dann streicht sie noch einmal über mein Gesicht, guckt mich erstaunt an: «Sieh mal einer an: Bartstoppeln! Hast du wohl selbst noch nicht gemerkt, was? Also, ab zum Rasieren in die Küche, aber dalli!»

Im Küchenspiegel schaue ich lange in mein Gesicht. Es hat sich wirklich verändert, seit ich vor eineinhalb Jahren nach Frankfurt aufgebrochen bin. Die Bartstoppeln, noch weich und vereinzelt, betrachte ich mit einer Mischung aus Neugier und Stolz. Aber noch mehr scheinen mir meine Augen verändert – klarer vielleicht, auch ernster, dafür nicht mehr so traurig wie als kleiner Junge. Aber vielleicht mache ich mir auch was vor. Noch immer wäre ich gern stärker als ich wirklich bin.

Die erste Zeit nach meiner Krankheit halte ich mich überwiegend in der Wohnung am Boulevard Richard Lenoir auf. Ich gehe Onkel und Tante bei den Schneiderarbeiten zur Hand, wie ich es auch von zu Hause gewohnt bin. Manchmal mache ich auch Botengänge zur Kundschaft, meistens aber nur in der näheren Umgebung.

Das Zusammenleben in der kleinen Wohnung läuft unproblematisch. Chawa und Abraham führen eine ruhige und liebevolle, wenngleich vielleicht auch leidenschaftslose Ehe. Während der Arbeit reden sie kaum miteinander. Abends lesen wir zusammen die französische Tageszeitung «La Journée Parisienne» sowie die jiddische Emigrantenzeitung «Pariser Haint», in der ich eine längere Serie über die «Dreyfus-Affaire»* förmlich verschlinge. Bei uns in Hannover las nur Berta ab und zu eine Tageszeitung. Onkel Abraham und Tante Chawa diskutieren beide gern und gründlich über aktuelle Ereignisse. Sie beziehen mich mit ein in ihre Gespräche, behandeln mich wie einen Erwachsenen, wenn auch Onkel Abraham immer wieder ausführliche Erklärungen für mich anfügt oder französische Kommentare mit mir übersetzt. Ich spüre, daß es ihm gefällt, die Vaterrolle zu spielen, ohne mich zu bevormunden.

---

* Der französische jüdische Hauptmann Alfred Dreyfus (1859–1935) wurde 1894 wegen angeblichen Verrats verhaftet und zu lebenslänglicher Verbannung verurteilt. Obwohl der wahre Schuldige bereits 1896 ermittelt werden konnte, hielten reaktionäre und antisemitische Kräfte in der französischen Gesellschaft weiter an seiner Schuld fest. Dies führte zu einer schweren innenpolitischen Krise, die sich bis heute in unterschiedlicher Geschichtsschreibung niederschlägt. Alfred Dreyfus wurde erst 1906 rehabilitiert.

Im Oktober 1936 kommt der erste lange und ausführliche Brief von Vater, nachdem Berta mir schon vorher zweimal geschrieben hatte (allerdings ohne etwas von David und sich zu erwähnen. Wahrscheinlich war sie nicht sicher, wer den Brief lesen würde). Er teilt darin wenig über sich und unsere Familie mit, sondern zeigt sich besorgt, wie es mit mir weitergehen soll. Voller Dankbarkeit stellt er seinem Bruder eine Fürsorgerechts-Bescheinigung aus und bittet ihn, mich bald einen Beruf lernen zu lassen. Onkel Abraham gibt mir von da ab wöchentlich ein gutes Taschengeld von 30 bis 40 Francs und erkundigt sich auch umgehend nach Lehrstellen. Solange jedoch keine Aufenthaltsgenehmigung für Frankreich vorliegt, ist eine Berufsausbildung völlig ausgeschlossen.

Im «Pariser Haint» studiere ich alles, was ich über Ausreisemöglichkeiten nach Palästina erfahren kann. Doch hier wie beim Komitee für jüdische Emigranten in der Rue de la Durance erfahre ich immer wieder das gleiche: Wer nicht volljährig ist, wer keinen Beruf hat und wer nicht außer Englisch mindestens noch eine Fremdsprache spricht, hat keine Chance, sofern er nicht mit seinen Eltern oder einer Organisation ausreist.

Eine Querstraße von uns entfernt befindet sich eine kleine Autowerkstatt, an der ich schon öfter vorbeigekommen bin auf meinem Weg zu Kunden. Da mich der Beruf eines KFZ-Mechanikers interessiert, bin ich dort ab und zu stehengeblieben, habe zugeschaut, bis mich der Meister eines Tages ansprach, ob ich nicht Lust hätte, mitzuhelfen. So gehe ich ab Herbst 1936 zweimal in der Woche vormittags dorthin, atme Öl und Benzin und leiste Handlangerdienste beim Reparieren der Wagen.

Tante Chawa meint eines Abends zu mir, daß ich in meinem Alter eigentlich auch einmal etwas mit gleichaltrigen Jugendlichen unternehmen müßte. Aber bisher kenne ich niemanden, und mein Französisch ist noch zu schlecht, als daß ich mich in

Abb. 6: Onkel Abraham und Tante Chawa Grynszpan. Die Aufnahme zeigt sie kurz nach ihrer ersten Verhaftung nach dem Attentat von Herschel im November 1938.

ein Lokal oder an einen anderen Treffpunkt mit jungen Leuten trauen würde.

Onkel Abraham hat inzwischen begonnen, sich nach einer etwas größeren Wohnung umzuschauen, in der auch ich ein kleines eigenes Zimmer haben könnte.

Anfang 1937 geschehen dann drei bedeutsame Ereignisse auf einmal: Wir ziehen gemeinsam um in die neue Wohnung in der Rue Martel 8, eine Zweieinhalb-Zimmer-Wohnung in Richtung Ostbahnhof, in der ich das halbe Zimmer, gleich neben der Eingangstür gelegen, einrichten darf.

Dann erhalte ich – endlich! – am 20. Februar eine vorläufige Aufenthaltsgenehmigung für Frankreich, die zwar nur auf ein paar Monate begrenzt ist und immer noch keiner Arbeitserlaubnis gleichkommt, aber doch immerhin meinen Status als illegaler Ausländer beendet.

Und schließlich lerne ich kurz nach unserem Umzug in der neuen Nachbarschaft Nathan kennen.

Mein Freund Nathan

Der März 1937 beginnt mit einigen Tagen strömenden Regens, wie er in dieser Dauer und Intensität auch für Paris unüblich ist. Wann immer ich in diesen Tagen von Botengängen heimkehre, bin ich triefend naß, muß Schuhe und Jacke noch vor der Wohnungstür ausziehen und abtropfen lassen.

An einem dieser Tage komme ich erst nach Einbruch der Dunkelheit die fünf Treppen zu unserer Wohnung herauf, als mich Onkel Abraham schon oben auf dem Absatz empfängt:

«Herschel, wie gut, daß du zurück bist. Hier ist ein Paket für Frau Kaufmann, das sie unbedingt noch heute abend benötigt. Sie tritt morgen früh irgendeine neue Stelle an und ist auf das Kleid angewiesen. Bitte, sei so gut und lauf eben noch einmal hinüber, ja? Es ist gleich um die Ecke zur Rue des Petites Ecuries!»

Keine Frage. Es tut gut, dem Onkel auch meinerseits hilfreich sein zu können und ihm meine Zuneigung zu zeigen. So nicke ich nur kurz, klemme mir das Paket unter die Jacke, damit es nicht naß wird, und springe die Stufen wieder hinunter.

Die neue Nachbarschaft im 2. und 10. Arrondissement ist mir schnell vertraut geworden: Im Norden der Ostbahnhof, im Süden zunächst der verrufene Boulevard de Strasbourg, der dann, wenn man den Boulevard St. Denis überquert, in den breiter und vornehmer werdenden Boulevard de Sebastopol bis hinunter zur Seine führt und im Osten in Richtung unserer alten Wohngegend nicht weit bis zum Place de la Republique. Zu fragen brauche ich nur noch selten.

Die Wohnung von Frau Kaufmann ist tatsächlich um die Ecke. Ich kenne sie persönlich bisher kaum, habe sie nur einmal kurz mit Tante Chawa reden hören und mir gemerkt, daß sie auch aus der Nähe von Hannover kommt und mit ihrem Sohn allein hier in Paris wohnt. Auf mein Läuten hin wird die Tür von einem Jungen in meinem Alter geöffnet.

«Bonsoir!» grüßt er. «Was kann ich für Sie tun?»

Ich bin erstaunt, daß er mich mit «Sie» anspricht, bemühe mich um eine ähnlich höfliche Antwort:

«Ich komme von der Schneiderei und bringe die gewünschte Umarbeitung für Madame Kaufmann!»

Als er meinen jiddisch-deutschen Akzent bemerkt, entspannen sich seine Gesichtszüge, und er öffnet weit die Tür:

«Bist du der Neffe vom Schneider Grynszpan? Herschel?»

«Woher weißt du denn meinen Namen?»

«Mutter hat's mir erzählt, weil du doch aus Hannover kommst und wir da auch ein paar Jahre in der Nähe gewohnt haben.»

«Wo denn genau?»

«Hast du mal was von dem Auswanderergut Ahlem bei Hannover gehört?»

Doch, das habe ich: Die Jüdische Gartenbauschule Ahlem galt als nicht-orthodox-zionistisches Lehrgut des Hachschara. Früher war es eine israelitische Erziehungsanstalt. Aber selbst bin ich nie dort gewesen.

«Da warst du?» frage ich neugierig nach. «Und wieso bist du nicht von dort nach Palästina ausgewandert?»

«Das ist eine private Geschichte», beginnt er zögernd. Dann schaut er mir prüfend ins Gesicht. Schließlich sagt er leise und traurig: «Mein Vater ist im Land unserer Väter – in Haifa…»

Dann faßt er mich bei der Schulter:

«Komm mal rein. Wenn du magst, erzähl ich's dir! Meine

Mutter ist bei Bekannten. Sie ist so aufgeregt, weil sie morgen eine neue Stelle als Sekretärin beginnt. Ich bin allein zu Hause.»

Erst jetzt hole ich das Paket unter der Jacke vor und lege es auf ein kleines Tischchen im Flur. Wie ich es gewohnt bin, ziehe ich auch hier Jacke und Schuhe gleich bei der Tür aus und folge dann dem Jungen in ein kleines Zimmer.

«Ist das dein Raum?» frage ich bewundernd. An einer Wand hängt eine große Karte, auf der die Länder des Nahen Ostens zu erkennen sind: Türkei, Libanon, Jordanien und natürlich Palästina. Hellrot gestrichelt die Grenzlinien des britischen Mandatsgebietes. Vor dem Fenster steht ein Chanukka-Leuchter*, und über dem Bett hängt eine Fahne, vermutlich von einem Pfadfinderbund, dem der Junge in Deutschland angehört haben mag.

Er bittet mich, auf dem Bett Platz zu nehmen, setzt sich selbst auf den einfachen Holzschemel, der noch im Zimmer steht.

Dann beginnt er zu berichten. Erst noch vorsichtig, meine Reaktionen testend, schließlich fast atemlos, offenkundig begeistert und erleichtert zugleich, sich einmal vorbehaltlos mitteilen zu können. Ich hänge nur so an seinen Lippen.

Von seinem Vater erzählt er, den er so vermißt, bei dem er so gern sein würde, ihm helfen und zur Seite stehen beim Aufbau des Landes in Palästina. Und der ihn doch nicht mithaben wollte, als sich die Eltern im Streit trennten. Von der Mutter, die nicht mitfahren mochte ins ferne Land, jedenfalls noch nicht gleich, und daraufhin vor zwei Jahren beschloß, nach der Abreise des Vaters mit dem einzigen Sohn nach Paris zu gehen. Sekretärin hatte sie gelernt, Steno und Schreibmaschine sowieso, dazu fließend Französisch und Englisch. Doch es war nicht so

---

* Neunarmiger Leuchter, der jährlich um die Zeit der Wintersonnenwende zum Chanukka-Fest entzündet wird. Chanukka wird acht Tage lang als Fest des Friedens und der Freude zur Erinnerung an die Befreiung des entweihten Tempels von Jerusalem begangen.

leicht wie erhofft, eine Stelle zu finden. So hatte sie allerlei Hilfsarbeiten machen müssen. Morgen kann sie endlich eine lang-
ersehnte Arbeit als Chefsekretärin in einem Kontor beginnen.

Ihr Sohn ist sich seit ihrer Ankunft in Paris offenkundig weitgehend selbst überlassen. Hatte Kontakt gefunden zu einem jüdischen fortschrittlichen Sportverein und trieb sich abends –
trotz seiner Jugend – in allen möglichen Lokalen des Viertels
herum, deren Namen ich bislang nur vom Hörensagen kenne.

Zeit und Raum sind bald vergessen. Ich fühle mich ihm
unendlich nahe in seiner Sehnsucht nach Palästina, schaue immer wieder abwechselnd in sein Gesicht und auf die große Landkarte an der Wand. Er ist einen Kopf größer als ich, aber sonst
ähnlich schlank und hat ebenfalls dunkelbraune längere Haare
und die Hautfarbe eines Südeuropäers. Er trägt ein weißes
Hemd mit einer Kordel und dunkle kurze Hosen. Wahrscheinlich in Anlehnung an seine alte Pfadfinderkluft.

Als ich ihm von mir berichte, daß ich praktisch jeden Abend
daheim bei Onkel und Tante bin, schaut er mich aufmunternd an:

«Was meinst du, wollen wir das ändern? Ich kann dir einiges
zeigen in Paris, da wirst du staunen. Hast du am Samstag Zeit?»

Na klar. Samstag also. Jetzt erst löst sich die Spannung etwas.
Ich beschließe aufzubrechen. An der Tür halte ich inne. Beinahe
hätte ich vergessen, ihn zu fragen:

«Sag mal, wie heißt du eigentlich?»

«Nathan», antwortet er ernst. «Vater liebt alle Theaterstücke
von Gotthold Ephraim Lessing – hast du mal von ihm gehört?
Nathan der Weise? Emilia Galotti?»

Ich ahne, daß Nathan eine andere Schulbildung erhalten hat
als ich. Und doch scheint er mich zu mögen, nicht auf mich her-
abzusehen. Sich auf Samstag zu freuen wie ich.

Der Regen peitscht mir auf dem Heimweg ins Gesicht wie in
all den vergangenen Tagen. Doch jetzt lasse ich es geschehen.
Mit der Zunge lecke ich mir ab und zu die Tropfen von den Lip-

pen. Nichts kann mir das Wetter anhaben. Ich habe einen Freund gefunden.

Tante Chawa und Onkel Abraham sind besorgt, als ich so spät heimkomme.

«Du warst fast drei Stunden weg, Junge!» sagt sie, ohne neugierig nachzubohren. Gern erzähle ich ihnen von meinem Abend. Sie freuen sich mit mir, stimmen auch sogleich zu, daß ich selbstverständlich die Einladung für Samstag wahrnehmen solle.

Kaum kann ich das Wochenende erwarten. Bereits nach dem Mittagessen packe ich ein leichtes Sommerhemd, kurze Hosen und Turnschuhe in eine Tasche, da wir uns am Nachmittag gleich vor dem Eingang des «Club Sportif de l'Aurore» in der Rue Vieille du Temple 110 verabredet haben. Mindestens eine halbe Stunde zu früh bin ich schon dort.

Auch Nathan erscheint mit einer Sporttasche, winkt mir schon von weitem zu. Er trägt einen langen dunklen Mantel, wirkt dadurch älter und erwachsener als ich.

An den Samstagnachmittagen ist kein festes Training im Sportclub, sondern jeder kann für sich oder in kleinen Gruppen an verschiedenen Geräten Sport treiben. Ich mag die Atmosphäre hier. Sie erinnert mich an meinen Turnverein in Hannover und ist doch gleichzeitig freier und irgendwie unbeschwerter. So turnen zum Beispiel in einigen Gruppen Jungen und Mädchen gemeinsam. Nathan ist bekannt bei vielen, die ihn freundlich grüßen oder einen Witz herüberrufen. Und doch bleibt er in meiner Nähe. Wir machen gemeinsam Konditionstraining an der Sprossenwand, ich zeige ihm ein paar Boxstellungen, er führt mir Sprünge über den Kasten vor.

Ich bewundere seinen selbstverständlichen Umgang mit Mädchen. Er begrüßt einige mit Handschlag, fragt nach einer mit Namen Mirjam, und als sie nicht da ist, bestellt er Grüße für sie. Als er mich vorstellt, werde ich knallrot, bekomme keinen Ton heraus. Keiner lacht. Später bei den Sprüngen über den Kasten versuche ich das wettzumachen und ein bißchen anzugeben. Es scheint aber niemanden zu interessieren.

Nach dem Duschen werden wir noch gefragt, ob wir auch zum Tanz in das Stadthaus später am Abend kommen.

«Ich schaue kurz rein», antwortet Nathan. «Habe danach noch was anderes vor…»

Als wir allein sind, frage ich ihn, was er noch vorhätte am späteren Abend. Er zögert mit einer Antwort, sagt schließlich eher schüchtern als geheimnisvoll:

«Herschel, das erzähle ich dir ein andermal. Sei mir nicht böse, ich vertraue dir, aber du könntest mich mißverstehen, und ich will, daß du mich erst besser kennenlernst.»

Nachdem wir uns an einem Stand eine Kleinigkeit zu essen besorgt haben, schlendern wir den Boulevard St. Martin in Richtung Stadthaus hinunter. Den gesamten Weg reden wir erneut über Palästina und beraten unsere Möglichkeiten, vielleicht sogar gemeinsam dorthin zu kommen. Nathans Probleme sind weniger mangelnde Papiere als seine Mutter, die nicht möchte, daß er dorthin geht, bevor er volljährig ist. Trotzdem spricht er gut von ihr:

«Weißt du, mein Vater ist sehr jähzornig. Mutter hatte es wirklich nicht immer leicht mit ihm. Und, ehrlich gesagt, möchte ich sie auch nicht gern allein lassen, bevor ich nicht weiß, daß sie hier ein sicheres Auskommen hat.»

Kurz bevor der Boulevard St. Denis mit seinen Nachtlokalen und Bars beginnt, biegt Nathan plötzlich rechts ab.

«Laß uns lieber hier lang zum Stadthaus gehen…»

Als wir uns dem Gebäude nähern, sehen wir schon von weitem Gruppen von Jugendlichen davor herumstehen, hören wir laute Musik von drinnen herausdröhnen, wenn sich das große Eingangsportal öffnet.

Aus einer Gruppe löst sich kurz darauf ein Mädchen mit langen dunklen Haaren, das auf Nathan zuläuft. Sie lachen sich gegenseitig zu, nehmen sich in die Arme wie Erwachsene.

Nathan stellt uns beide vor: «Das ist meine Freundin Mirjam!»

«Shalom», sagt Mirjam freundlich und gibt mir die Hand, eine zarte, weiche Hand. Mirjam hat wunderschöne, große braune Augen, eine helle Haut, zu der die dunklen Haare einen starken Kontrast bilden. Die beiden passen gut zusammen, denke ich.

«Und das ist mein Freund Herschel!» fährt Nathan fort. «Freund» hat er gesagt, in aller Öffentlichkeit.

Dann drängeln wir uns zum Eingang durch. Nathan bezahlt den Eintritt für uns drei. Obwohl es noch früh am Abend ist, sind im Festraum längst alle Plätze besetzt. Auch die Tanzfläche ist schon bevölkert. Für mich ist alles völlig neu: so viele Jugendliche in meinem Alter, so viele Mädchen, so viele Jungen, so laute, stampfende Musik, Zigarettenrauch, jedoch offensichtlich keine alkoholischen Getränke. Trotzdem bin ich von all den Eindrücken wie betäubt. Stehe am Rand, beobachte nur, sauge in mich auf. Hier ist etwas zu spüren, was ich bisher nicht kannte in meinem Leben. Eine eigenartige Erregung. Körper, Gesichter, Hände. Jungen und Mädchen, die sich berühren.

Mirjam und Nathan sind inzwischen auf der Tanzfläche verschwunden. Ich traue mich nicht, ein Mädchen aufzufordern. Es muß auch nicht sein. Ich habe übergenug zu tun, alles aufzunehmen. Nach einer Weile besorge ich uns drei Limonaden, kann schließlich auch die beiden Dauertänzer ausmachen, die sich begeistert auf die Getränke stürzen.

«Kommst du jetzt auch immer samstags mit hierher?» ruft mir Mirjam fragend zu. Ich nicke, bin noch immer unheimlich schüchtern, wage nicht von mir aus, ein Gespräch anzufangen.

«Verdammt!» schimpft Nathan plötzlich, klopft auf seine Armbanduhr. «Ich muß los. Herschel, melde dich Anfang der Woche, ja?»

Mirjam erhält einen flüchtigen Kuß. Sie schaut ihm traurig nach, sagt aber kein Wort. Wieder traue ich mich nicht nachzufragen, ob er das öfter so macht. Beide stehen wir einen Moment unschlüssig da.

Doch schon zieht eine neue Gruppe mit lautem Hallo vorbei, alle scheinen Mirjam zu kennen. Bevor sie hinterherläuft, guckt sie mich noch fragend an: «Willst du mit, Herschel, wir gehen nach oben in die Teestube?»

«Nein, nein…» Ich winke freundlich ab, bahne mir einen Weg zum Ausgang und nach draußen. Aufgewühlt laufe ich durch ein paar Straßen, ziellos zunächst, spüre, wie sehr ich ein Einzelgänger geworden bin in all den Jahren. Sosehr mich die Freundschaft zu Nathan froh macht, so fremd und verunsichernd erlebe ich gleichzeitig den Freund. Was verbirgt er vor mir? Wie kann es kommen, daß einem ein Mensch gleichzeitig so nah und so fern sein kann? Was weiß Mirjam von ihm? Welche Bedeutung hat sie für sein Leben?

Es vergehen einige Wochenenden in ähnlichem Rhythmus, ohne daß ich Nathan viel näherkomme. Es ist schön, wenn wir über Palästina reden, wenn wir Sport treiben zusammen. Irgendwann tanze ich auch das erste Mal im Stadthaus mit einer Bekannten von Mirjam. Nur so, aber immerhin. Und es bleibt fremd, wenn er ab und zu ohne Erklärung verschwindet, wenn er mit Mirjam leise und eindringlich spricht und beide verstummen, wenn ich mich nähere.

Im Frühjahr 1937 flackert noch einmal meine Hoffnung auf, daß ich doch noch eine Lehre machen könnte, und nimmt für einige Zeit all meine Gedanken gefangen. Eines Morgens spricht mich Monsieur Largent, der Meister in der KFZ-Werkstatt an, in der ich noch immer unregelmäßig helfe, und fragt mich, ob ich nicht endlich anständige Papiere hätte, denn zum April oder Mai wolle er einen neuen Lehrjungen anstellen, und von mir hätte er einen recht ordentlichen Eindruck gewonnen.

Als ich das daheim erzähle, sind auch Onkel und Tante begeistert. Noch am gleichen Tag wird bei der Polizeipräfektur angerufen, ob mein Antrag auf Aufenthaltsgenehmigung immer noch nicht beschieden sei. Der zuständige Beamte hat offenkundig Schwierigkeiten, meinen Antrag überhaupt zu finden. Er will sich wieder melden.

«Da müssen wir was machen!» meint Onkel Abraham. «Der hat das von jetzt bis gleich wieder vergessen...» Aber was?

Abends im Bett stelle ich mit Schrecken fest, daß mein Paß, den Vater für mich in Hannover besorgt hatte, als ich gerade nach Frankfurt aufgebrochen war, bereits im Juni dieses Jahres ungültig werden wird. Und noch schlimmer: Am 1. April 1937 schon ist die Gültigkeit für diesen elenden Sichtvermerk erloschen, der mir die Rückreise nach Deutschland gestattete. Zwar will ich im Prinzip nicht mehr nach Deutschland, aber nun darf ich wegen der ungültigen Einreiseerlaubnis nicht mehr. Das ist schon ein Unterschied.

Ob das, was mir dann einfiel, eine gute Idee war, kann ich heute nicht mehr mit Sicherheit sagen: Ich hatte mir überlegt, daß ich mit einem in Kürze ungültig werdenden Paß ohnehin kaum noch etwas werden könnte. So beschloß ich, am nächsten Tag zum polnischen Konsulat in Paris zu gehen und dort anzugeben, daß ich meinen Paß verloren hätte und einen neuen benötigen würde. So eine ähnliche Geschichte, allerdings bei einem Erwachsenen, hatte ich mal im Sportclub gehört und nicht wieder vergessen.

Zunächst scheint das Glück auf meiner Seite zu sein. Ich kreuze im Konsulat lediglich «verloren» auf dem Formular an, muß eine Gebühr entrichten und soll in Kürze eine Nachricht erhalten, wann der neue Paß zur Abholung bereit liegt. Noch am selben Tag laufe ich zu Meister Largent, um ihm zu berichten, daß ich jetzt wahrscheinlich bald gute Papiere hätte.

«Gut, Junge», sagt er schließlich, sich mit der Mütze Öl vom

Handrücken wischend, «jetzt haben wir Mai. Ich gebe dir noch Zeit bis Mitte Juni. Wenn du bis zum 15. Juni eine Arbeitserlaubnis vorlegen kannst – bon! Wenn nicht, dann tut's mir leid, das mußt du verstehen. Du weißt ja selbst, was hier alles zu tun ist…»

Die nächsten vierzehn Tage laufe ich mehrmals täglich zum Briefkasten. Ab und zu ertappe ich mich dabei, wie ich auf dem Weg zu Kunden an der Polizeipräfektur vorbeistreiche, als könnte es etwas nutzen, wenn ich den erhofften Papieren zumindest körperlich nahe bin. Nichts geschieht. Nach zehn Tagen geht Onkel Abraham noch einmal zum Hilfskomitee für jüdische Emigranten. Als er heimkommt, macht er ein bedrücktes Gesicht: «Die haben gesagt, da warten manche schon zwei Jahre und länger drauf. Und die französischen Behörden würden hoffen, daß inzwischen einfach mehr und mehr von uns das Land verlassen und sich damit das Problem von selbst erledigen würde.»

Die Prophezeiung des Komitees trifft auch für mich zu. Als der Postbote am Vormittag des 15. Juni an unserem Haus vorbei ist, bleibe ich zunächst wie versteinert sitzen, lasse nur den Stoff sinken, aus dem ich gerade Flicken geschnitten hatte. Tante Chawa nimmt mir das Tuch aus den Händen und streicht mir über den Kopf.

«Willst du nicht zu Monsieur Largent hinüberlaufen und ihm Bescheid sagen, Herschel?»

Auch der Onkel nickt: «Du solltest dir heute frei nehmen. Es liegen nur zwei Botengänge an. Die mache ich heute abend. Lauf mal los jetzt…»

Meister Largent ist öfter mal brummig. An diesem Tag scheint er besonders schlecht aufgelegt.

«Das habe ich nun von meiner Gutmütigkeit! So ein Mist! Wieso hast du mir gesagt, du hättest bald die Papiere? Da hast du also nur angegeben? Bist doch ein Aufschneider, was? Jetzt stehe ich da. Noch gestern habe ich einem anderen Jungen abgesagt…»

Zweimal versuche ich ihn zu unterbrechen und ihm zu erklären, wie sehr ich mich bemüht habe. Als er nicht aufhört zu fluchen und zu schimpfen, lasse ich ihn stehen und gehe niedergeschlagen aus der Werkstatt. Bevor ich in die Straße einbiege, höre ich ihn noch rufen:

«Hier brauchst du dich nicht mehr blicken zu lassen, hier nicht mehr...!»

Ich bin bereits eine Weile mit traurigen Gedanken vor mich hingelaufen, als ich bemerke, daß ich unbewußt die Richtung zur Rue des Petites Ecuries, der Wohnung von Nathan und seiner Mutter, eingeschlagen habe. Während der Woche war ich außer an unserem ersten Abend nie bei ihm gewesen. Ich bin erstaunt, als ich jetzt gegen Mittag noch die Gardinen vor seinem Zimmerfenster zugezogen sehe.

Es dauert einen Moment, bis jemand auf mein Klingeln hin zur Tür geschlurft kommt. Verschlafen öffnet Nathan einen Spalt, scheint mich erst gar nicht zu erkennen, so verwundert blinzelt er ins Treppenhaus: «Du, Herschel? Was willst du denn hier um diese Zeit?» Ich habe ihn offensichtlich aus dem Bett geklingelt. Nur mit einer Unterhose bekleidet läuft er zurück in sein Zimmer, verschwindet wieder unter der Bettdecke, ruft mir unfreundlich zu: «Nun komm schon rein und mach die Tür hinter dir zu!»

Dieses Mal setze ich mich auf den Schemel dem Bett gegenüber. Sitze nur da, weiß nichts zu sagen, möchte auch nichts sagen. Im Zimmer riecht es nach Alkohol. Da keinerlei leere Flaschen zu erblicken sind, vermute ich, daß es von Nathans Atem herrühren muß. Wo war er letzte Nacht? Wo hat er sich so betrunken?

Plötzlich vernehme ich durch die Decke erneut tiefe und gleichmäßige Atemgeräusche. Der Kerl ist tatsächlich wieder eingepennt! Ein toller Freund ist das! Dabei hatte ich ihm noch am Wochenende erzählt, was heute für ein wichtiger Tag für mich sei – Mirjam und er hatten mir «Mazel tov!» * beim Abschied gewünscht. Und jetzt fragt er nicht einmal, hat nur seinen Mist im Kopf oder vielleicht nicht mal den, vielleicht einfach gar nichts!

Als ich schon an der Wohnungstür stehe und abhauen will, halte ich noch einmal inne. Nein, ich will ihm meine Meinung, meine Enttäuschung mitteilen, laufe zurück in sein Zimmer, reiße mir ein Blatt Papier von einem Block, setze mich auf den Boden und will zu schreiben beginnen. In diesem Augenblick stöhnt Nathan im Schlaf auf, wirft sich herum, die Bettdecke rutscht ein Stück zur Seite. Ich sehe seine geballte Faust, verkrampft ins Kissen gekrallt, die angespannten Muskeln von Schulter und Oberarm, sein verzerrtes Gesicht.

Ich lasse meinen Stift sinken, spüre, wie ein Zittern durch meinen eigenen Körper geht, wie sich die ganze Anspannung der letzten vierzehn Tage zu lösen beginnt. Seit ich vor über zwei Jahren mein Elternhaus verließ, ist es das erste Mal, daß mich ein erbärmliches Schluchzen übermannt. Um mich herum soviel Sturheit, soviel Verwaltung von lebendigen Menschen, von Menschen, die ringen, kämpfen, sich abstrampeln um ein bißchen Glück und Zukunft. Und immer wieder der Haß gegen uns Juden, der nicht einfach abtropft an uns, sondern sich auch unserer Seelen bemächtigt, schleichend in sie dringt und die Beziehungen zwischen denen, die doch Freunde sein möchten, gefährdet und zerstört.

Mir ist nicht klar, wie lange ich so dagesessen bin. Irgendwann spüre ich den Arm von Nathan auf meiner Schulter, rieche seine Alkoholfahne. Er schwankt, zieht mich zu sich aufs Bett, nimmt mich in seine Arme wie ein kleines Kind. Mit geschlossenen Augen streift er mir die Jacke ab, öffnet mein Hemd und meinen Gürtel. Die Wärme seiner dunklen, festen Haut, die Berührung

* *Hebräisch: Viel Glück!*

87

seiner Hände unter dem Stoff meines Hemdes lassen mich erneut erzittern. Wir sind keine Kinder mehr. Auch ich erwidere nun die feste Umarmung, spüre seine wachsende Erregung. Was ist mit mir los? Nur gesunken bin ich bis jetzt, bodenlos, gestrampelt, ohne den Fall aufhalten zu können. Jetzt, in Nathans Armen fühle ich Grund. Ich bin irgendwo angekommen, ohne sagen zu können, wie dieser Ort heißt…

Am späten Nachmittag wachen wir fast gleichzeitig auf, vielleicht hat mich auch zuerst ein neues Stöhnen Nathans aus dem leichten Schlaf gerissen.

«Oh, mein Kopf», brummt er aus aschfahlem Gesicht, aber offenkundig ein ganzes Stück nüchterner als noch am Mittag.

Als er realisiert, daß ich neben ihm liege, verzieht er seinen Mund zu einem erstaunten und auch liebevollen Grinsen.

«Mensch, Herschel, das hätte ich nicht von dir gedacht! Guck mal, sonst kaum was an, aber mit Schuhen im Bett – so geht das aber nicht!»

Ich muß noch einen ziemlich verwirrten Eindruck machen, denn mir fällt mal wieder keine passende Antwort ein. Die Selbstverständlichkeit, mit der er unsere Situation kommentiert, erleichtert mich, läßt mich die neue Erfahrung ohne Panik oder Verunsicherung hinnehmen.

Irgendwann sage ich ernst: «Nathan, so etwas habe ich noch nie in meinem Leben erlebt – weder mit einem Jungen noch mit einem Mädchen!»

Nathan hält beim Anziehen inne: «Sag – ist das wirklich wahr? Damit macht man keine Witze! Bist du denn nicht auch schon über sechzehn?»

«Es stimmt, Nathan, aber ich bin doch ganz anders aufgewachsen als du!»

«Du, hör mal, Herschel, jetzt wird es aber Zeit, daß du erwachsen wirst. Was ich dir jetzt erzähle, muß unter uns bleiben. Gibst du mir dein Ehrenwort?»

Stumm nicke ich. Dann beginnt er zu sprechen. Ähnlich wie bei unserem ersten Gespräch in diesem kleinen Zimmer vor einigen Wochen zunächst vorsichtig, sorgsam bedacht, daß ich auch alles richtig verstehe, schließlich selbst erregt und ohne Pause bis zum Ende.

Er beginnt mit seiner Mutter, den Geldnöten zu Hause, den Schwierigkeiten, als ausländischer Jugendlicher eine Arbeit zu finden. Dann fährt er fort, davon zu berichten, wie er abends immer länger wegblieb, nicht nur am Wochenende im Stadthaus, sondern irgendwann anfing, die Kneipen und Bars am Boulevard St. Denis und Boulevard de Strasbourg zu erkunden. Dort ab und zu eingeladen wurde, vor allem im «Eldorado» und «Tout va bien», schließlich auch mal Geld zugesteckt bekam nur dafür, daß er mit einigen Männern dort redete, ihnen zuhörte, fertig. Einmal bot einer 50 Francs, wenn er mit ihm gehen würde, nichts tun, nur zuschauen. Hinterher gab's ein feudales Abendessen. Seine Mutter weiß selbstverständlich nichts davon.

«Und Mirjam?» frage ich, noch erschrocken und verwirrt einerseits, andererseits aber auch berührt von seiner Ehrlichkeit, auf die ich doch seit langem gehofft hatte.

«Mirjam weiß, womit ich Geld verdiene. Du mußt nicht denken, daß ich das einfach hinterher alles ausgebe. Mirjam und ich sparen alles, was wir beide irgendwie auftreiben können. An meinem einundzwanzigsten Geburtstag werden wir heiraten und danach sofort nach Palästina auswandern. Dann wird für uns ein völlig neues Leben beginnen. Unsere Kinder werden nie verstehen, wie wir einst leben mußten, das sage ich dir. Vielleicht wünsche ich es mir sogar. Ja, ich wünsche es mir, daß sie ganz anders aufwachsen werden, als wir das heute können. Willst du auch einmal Kinder haben?»

«Darüber habe ich noch gar nicht nachgedacht, keine Ahnung, wenn du mich so fragst. Eigentlich mache ich mir heute mehr Sorgen über die Familie, die ich habe. Daheim in Hannover. Vater, Mutter, einen Bruder und meine Schwester Berta. Habe ich dir von ihr schon erzählt? Sie will mit ihrem Freund David etwas Ähnliches machen wie du mit Mirjam...»

Berta. Es tut gut, von ihr zu erzählen. Nathan unterbricht mich nur wenige Male. Er meint, den David vielleicht zu kennen. Aber ich kann ihn ja kaum beschreiben.

Plötzlich fragt er: «Hast du mal von David Frankfurter gehört?»

Als ich verneine, berichtet er, daß David Frankfurter ein jüdischer Medizinstudent sei, der nach der Machtergreifung der Nazis aus Deutschland hatte fliehen müssen und 1936 in der Schweiz den dortigen Nazi-Führer erschossen hatte.

«Und was ist ihm passiert?» will ich wissen.

«Der sitzt», weiß Nathan zu berichten. «Die Schweizer haben ihn nicht ausgeliefert, sondern zu achtzehn Jahren Knast verurteilt. Wart mal, ich habe hier noch irgendwo eine alte Ausgabe vom ‹Pariser Haint›. Da kannst du alles nachlesen.»*

Meines Wissens ist es bis dahin das erste Mal, daß sich ein jüdischer Glaubensgenosse mit Gewalt gegen die Gewalt der Nazis aufgelehnt hat. Ich weiß, daß Vater eine solche Handlung schwer verurteilt. Den Artikel will ich später aufmerksam lesen.

Als es zu dämmern beginnt, fragt mich Nathan, ob ich Lust hätte, einmal ins «Tout va bien» mitzukommen. Seine Mutter würde wegen der Überstunden im Büro zu Abend essen, er könne uns leicht in dem genannten Lokal ein Essen organisieren.

«Danke, Nathan», antworte ich abwägend. «Ich denke,

---

* *David Frankfurter (1909–1982) erschoß am 4.2.1936 den NS-Landesgruppenleiter in der Schweiz Wilhelm Gustloff, wurde am 14.12.1936 zu 18 Jahren Haft verurteilt und 1945 nach Palästina entlassen. Bis auf einen Bruder wurde seine gesamte Familie in NS-Vernichtungslagern ermordet.*

heute gehe ich besser nach Hause. So viel habe ich erlebt, über das ich erst nachdenken will. Laß mich am Samstag mal mitkommen, ja?»

«Alter Grübelkopf!» meint Nathan kopfschüttelnd, aber freundlich. Gemeinsam verlassen wir die Wohnung.

Auf dem Heimweg überlege ich, inwieweit ich Onkel Abraham und Tante Chawa von den Erlebnissen des Tages berichten soll. Als ich daheim ankomme, wird mir die Entscheidung abgenommen. Die beiden sind selbst übervoll von neuen Nachrichten:

«Herschel, Herschel», ruft die Tante, kaum daß ich in der Wohnung bin. «Wir ziehen wieder um. Der Onkel hat einen Laden günstig angeboten bekommen vom alten Jakob Buchbinder, der sich zur Ruhe setzen will. Kennst du ihn?»

Sie wartet mein Kopfschütteln kaum ab.

«Macht nichts, daß du ihn nicht kennst. Jedenfalls können wir dann selber verkaufen, brauchen nicht mehr so viele Botengänge machen – und die Wohnung, also wir kennen sie ja schon, die ist einfach...» sie sucht nach einem besonderen Wort, «...die ist also einfach superb!»

Onkel Abraham fällt ihr das erste Mal ins Wort: «Was ist die?»

«Bitte, Abraham, die Wohnung liegt im siebten Stock, hell, eine Aussicht, drei Zimmer und noch Ende des Monats können wir einziehen!!!»

«Mejdele», brummt Onkel Abraham geduldig. «Jetzt hast du das, was Herschel sicher am meisten interessiert, vergessen!»

Sie schlägt sich vor die Stirn: «Du hast recht! Herschel, weißt du, wo die Wohnung liegt? Da kommst du nie drauf!!»

Sie wartet eine Sekunde. Dann verdreht sie triumphierend die Augen: «Rue des Petites Ecuries Nr. 6 »

«He, das ist ja bei Nathan im Nachbarhaus, stimmt's?»

Onkel Abraham nickt: «Na, ziehst du mit um?»

Eigentlich soll der Umzug erst am letzten Juni-Wochenende 1937 stattfinden, aber Tante Chawa beginnt noch am gleichen Abend zu packen. Und da Jakob Buchbinder schon vor einiger Zeit ausgezogen ist, entscheiden wir kurz entschlossen, bereits am kommenden Wochenende den Umzug zu bewerkstelligen. Ein Kunde borgt seinen Lieferwagen, auch Mirjam, Nathan und seine Mutter helfen mit.

An diesem Wochenende bleibe ich daheim, um beim Aufstellen der Möbel und Einräumen der Sachen zu helfen. Nathan und Mirjam schenken mir eine kleine Landkarte von Palästina, die ich in meinem Zimmer aufhänge. Am Abend zimmere ich mit Onkel Abraham ein neues Ladenschild, das den Namen «Maison Albert» (Haus Albert) trägt. Albert wurde Onkel Abraham in seiner Jugend gerufen, und «Maison» findet Tante Chawa angemessen als Ausdruck des sozialen Aufstiegs («Vom 5. in den 7. Stock!» meint Onkel Abraham irgendwann grinsend, als wir keuchend die Möbel hochschleppen).

Erst am Wochenende darauf begleite ich Nathan, nachdem wir im Sportclub waren, direkt zum «Tout va bien» am Boulevard St. Denis. Obwohl es in dieser Gegend auch viele heruntergekommene Kaschemmen gibt, bin ich erstaunt, daß das Publikum in diesem Homosexuellen-Lokal eher gemischt ist. Auch mehrere ausgesprochen vornehme Herren sind darunter.

«Hier kannst du Künstler wie Regierungsbeamte, Akademiker wie Geschäftsleute treffen», meint Nathan erklärend.

Die Bedienung, eine vollbusige mittelalterliche Dame, ist mir jedoch eher unsympathisch. Dies verstärkt sich noch, als sie Nathan zuflötet:

«Na Süßer, hast du deinen kleinen Freund mitgebracht?»

Sonst verhält sich kaum jemand irgendwie auffallend. Viele Männer stehen allein da, trinken etwas, schauen sich um. Nathan bewegt sich selbstbewußt, redet mit zwei älteren Männern, die ihn angesprochen haben, begrüßt zwei Jungen in unserem Alter mit Handschlag, die er offensichtlich gut kennt.

«Komm mal», meint er nach einer Weile leise zu mir. «Habe uns ein Essen organisiert!»

Wir nehmen Platz an einem Tisch, an dem ein älterer Herr mit grauem Schnurrbart und vornehmem Anzug mit Weste sitzt. Ohne uns gegenseitig vorzustellen, wird schweigend das Essen eingenommen. Mir kommt das Ganze eher seltsam vor. Nach dem Dessert stehen wir beide auf, kleine Verbeugung, und dann sind wir wieder vorne an der Bar.

«Was war das denn?» frage ich Nathan erstaunt.

«Ein Abendessen!» antwortet er lakonisch.

Mein unbehagliches Gefühl bleibt. Wenig später teile ich Nathan mit, daß ich mich gern verdrücken möchte.

Nathan schaut mich forschend an: «Du mußt nicht denken, daß ich der einzige Junge aus unserem Sportclub bin, der sich auf dem Strich Geld verdient. Einigen geht's noch beschissener als mir, die haben nicht mal ein Dach über dem Kopf!»

Bei den letzten Worten ist seine Stimme laut geworden. Einige Herren schauen zu uns herüber.

«Das ist es nicht, Nathan. Es ist einfach total fremd – und ich stelle es mir eben auch so anders vor, als es zwischen uns vor einiger Zeit war, verstehst du?»

«Ist okay, Kleiner...», sagt er leise, eher traurig als vorwurfsvoll. «Jetzt weißt du, wo du mich finden kannst, wenn du mich brauchst.»

Wir umarmen uns kurz. Ich weiß, daß ich es nicht Nathan gleichtun möchte, aber verachten werde ich ihn auch nicht. Nie. Er ist mein Freund. Das zählt mehr als alles andere.

Neue Paß-Schwierigkeiten

Im August 1937 erhalte ich eine Nachricht vom polnischen Konsulat in Paris, daß dort mein Paß mit der Nr. 75 686 zur Abholung bereit liegt. Von einer Aufenthaltsgenehmigung für Frankreich ist weiter nichts zu hören. Noch in den letzten Augusttagen gehe ich mit dem neuen Paß, der eine Gültigkeit bis zum Januar 1938 ausweist, erneut zum Komitee für jüdische Emigranten. Die Räume des kleinen Büros in der Rue de la Durance sind von wartenden Menschen überfüllt. Vor mir in der Schlange steht ein älteres Ehepaar, das sich gegenseitig stützt. Als sie endlich dran sind, antworten sie auf die Frage, für welches Land sie einen Aufnahmeantrag gestellt haben: «Liebe junge Frau, wir haben einen Antrag gestellt für England, für Nordamerika, für Lateinamerika und für Südamerika. Wir würden auch nach Palästina gehen, obwohl mein Mann die Hitze überhaupt nicht verträgt. Aber es tut sich einfach gar nichts – und unser gespartes Geld ist auch bald aufgebraucht. Mein Mann ist zweiundsiebzig, der findet doch hier keine Arbeit mehr...»

«Und wie alt sind Sie, gnädige Frau?», fragt die Sekretärin.

«Ich werde im September fünfundsiebzig Jahre, aber ich bin noch rüstiger als mein Mann. Er hat es mit dem Herzen, wissen Sie?»

«Ja, Sie haben recht, es wird schwer sein, für Sie ein Visum zu bekommen. In Ihrer Bearbeitungskarte sind auch keine neuen Nachrichten vermerkt. Es tut mir leid...»

Die beiden Alten nicken verständnisvoll, so als hätten sie kaum noch etwas anderes erwartet.

Als die Sekretärin meine Karte herausgesucht hat, zuckt sie erneut entschuldigend ihre Achseln:

«Aber Sie sind ja noch nicht einmal achtzehn, junger Mann. Also davor läuft überhaupt nichts, habe ich das nicht Ihrem Onkel auch schon gesagt?»

«Die einen sind zu jung, die anderen sind zu alt», brause ich das erste Mal ungeduldig auf.

Sie ist solche Vorwürfe offenkundig gewohnt, antwortet mit gleichmäßig geduldiger Stimme:

«Aber das stimmt doch gar nicht. Schauen Sie sich einmal um, wie viele Familienväter mit Berufsausbildung und mit mehreren Fremdsprachen genauso wie Sie warten. Es ist eben keine leichte Zeit, junger Mann!»

Wenige Tage später finde ich einen Brief von Berta vor. Auch sie hat Sorgen. Ihr Chef, der Besitzer des Konfektionsgeschäftes, in dem sie arbeitete, hat ein Ausreisevisum für England erhalten und den Laden von einem Tag auf den anderen aufgegeben.

«Es ist unmöglich, für eine junge jüdische Frau noch Arbeit zu finden. Aber den anderen Angestellten geht es nicht anders. Es trifft nicht nur mich.»

Den letzten Satz hat sie unterstrichen. Ich verstehe, na klar, auch David sitzt auf der Straße. Wie sollen die beiden nun weiter für die Ausreise sparen?

Wenn ich jetzt nur einmal mit ihr sprechen könnte. Am 17. September 1937 schreibe ich eine persönliche Eingabe an den deutschen Botschafter in Paris mit der Bitte, mir einen neuen Sichtvermerk zur vorübergehenden Einreise nach Deutschland zu erteilen. Ich will nicht für länger nach Hannover, nur einmal Berta, Markus und Vater und Mutter wiedersehen, sich austauschen und beraten können.

Wie soll es weitergehen mit Palästina? Ich möchte nicht in eine andere zionistische Organisation eintreten, ohne es mit Vater zu besprechen. Oder kann ich vielleicht doch meine Eltern und Berta und Markus überreden, mit mir gemeinsam auszuwandern? Auch ihr Leben ist doch offenkundig nicht leichter geworden?

Als ich Vater schreibe, daß ich seinen Rat brauche, erhalte ich bald darauf einen einfühlsamen Brief zurück. Ich solle nicht den Mut verlieren, es wäre nicht mehr lange, bis ich volljährig sei, und er würde täglich für mich beten.

Onkel Abraham zeigt sich zurückhaltend, als ich ihm von meinem Wunsch berichte, vorübergehend nach Hannover zurückzufahren. Ich versichere ihm, daß ich keinesfalls undankbar gegen ihn oder Tante Chawa sein wolle. Aber irgendwie scheint es ihn doch zu kränken. Es kann auch sein, daß der noch ungewohnte Stress mit dem neuen Laden sich bemerkbar macht. Seit Wochen schon sitzen wir abends nicht mehr gemütlich zusammen, um Zeitung zu lesen, sondern Onkel Abraham sitzt an Abrechnungen, und Tante Chawa macht häufiger Überstunden an der Nähmaschine, was sie früher nie tat.

«Es ist wegen der hohen Miete, Herschel», sagt sie anfangs noch manchmal erklärend. Jetzt habe ich zum erstenmal ab und zu das Gefühl, doch ein wenig zu stören, nicht genug mitzuarbeiten, sondern noch zusätzliche Kosten zu verursachen.

Nachdem mein Antrag auf einen Sichtvermerk vom deutschen Botschafter in Paris Ende 1937 abschlägig beschieden wird, stellt Vater einen zweiten Antrag im Januar 1938 an den Polizeipräsidenten in Hannover. Auch dieser Antrag wird abgelehnt.

Als ich eines Abends den Onkel sorgenschwer über seine Rechnungen gebeugt sehe, spreche ich ihn leise an:

«Du, Onkel Abraham, darf ich dich einen Moment stören?»

Er schaut fragend auf.

«Ich werde doch jetzt bald siebzehn, und ich habe mir überlegt, daß es nicht recht ist, wenn ich weiter Taschengeld von euch nehme, gerade jetzt, wo ihr selbst Geldsorgen habt...»

Ich spüre, daß ich ihn doch gestört habe.

«Aber Junge», sagt er zunächst beherrscht, «das ist doch Unsinn. Du mußt doch auch etwas haben zum Leben. Oder willst du dich rumtreiben wie dein Freund Nathan?»

Erschrocken zucke ich zusammen. Weiß der Onkel Näheres über Nathans Einkünfte?

Ungewohnt scharf gebe ich zurück:

«Laß Nathan da heraus. Er ist kein Rumtreiber, Onkel!»

Da verliert auch er die Geduld:

«Herschel, denkst du, daß ich nicht mitbekommen habe, wie du in letzter Zeit dauernd nach Hause schreibst und uns längst nicht mehr alle Briefe aus Hannover zeigst so wie früher?»

Beide sind wir bei den letzten Sätzen laut geworden. So zornig habe ich ihn noch nie erlebt. Ist es denn tatsächlich möglich? Ist Onkel Abraham eifersüchtig auf meinen Vater?

Für diesen Abend sprechen wir nicht weiter darüber. Aber es hat einen ersten spürbaren Riß gegeben. Ich hoffe, daß bald eine Gelegenheit kommt, um wieder alles ins reine zu bringen.

In den nächsten Wochen bin ich daheim der einzige, der noch Tageszeitung liest. Im «Pariser Haint» erscheint gerade eine Artikelserie über die Auswirkungen der «Nürnberger Gesetze» im Deutschen Reich. Einmal ist ein Foto abgedruckt, das eine blonde, ordentlich gekleidete Frau zeigt, die – wie die Bildunterschrift sagt – als «Arierin» ein Verhältnis zu einem jüdischen Mann hatte. Auf dem Foto ist sie zu sehen mit einem Pappschild um den Hals, eingerahmt von SA-Männern, und auf dem Schild ist zu lesen:

«Ich bin am Ort das größte Schwein und laß mich nur mit Juden ein!»

«Rassenschande» nennen die Nazis Liebe zwischen jüdischen und nicht-jüdischen Menschen. Sie wird mit hohen Haftstrafen geahndet, später kommt es auch zu Todesurteilen. Dabei genügt es den Nazis, wenn jemand jüdische Großeltern hatte, um ihn zum Juden zu erklären, selbst wenn er mittlerweile möglicherweise gar nicht mehr dem jüdischen Glauben angehört, sondern zum Christentum übergetreten oder gar Atheist geworden ist. So kommt es, daß manche Menschen erst durch die NS-Ahnenforschung zu Juden – zu Menschen zweiter Klasse – erklärt werden.

Als ich mit Nathan über die Zeitungsserie spreche, tippt er sich nur an die Stirn: «Das ist purer Wahnsinn, Herschel, das sage ich dir!» Dann schaut er mich ernst an: «Wo Liebe von Gesetzen bestimmt wird, gibt es sie bald nicht mehr... Mensch, wenn wir das bloß heil überstehen und dann, Junge, dann wirklich alles anders machen!!»

Nathan kann manchmal Dinge ausdrücken, die ich auch denke und fühle, die ich aber nicht artikulieren kann. Ich sage ihm, daß ich mir wünsche, daß wir auch in Palästina Freunde bleiben mögen. «Was denkst du denn?» Von einem Moment zum anderen ist er wieder der ausgelassene, gleichaltrige Jugendliche: «Los, Alter, schnall die Turnschuhe an. Ab geht's zum Club!»

Im Frühsommer 1938 veranstaltet der Sportclub eine Jugendfreizeit in einem Zeltlager vor Paris. Für langjährige Mitglieder ist die Teilnahme kostenlos. Nathan erreicht, daß auch ich umsonst mit kann. Onkel und Tante stimmen ebenfalls gleich zu. Wir alle hoffen auf etwas Entspannung durch den Abstand, denn die nervös-gereizte Stimmung ist geblieben daheim in der neuen Wohnung.

Es wird eine herrlich unbeschwerte Woche bei wunderschön warmem Wetter, das bereits ein Baden im Fluß erlaubt. Nathan, Mirjam und ich sind unzertrennlich – nicht ein Anflug von Eifersucht zwischen uns. Einmal, als Nathan im Küchenzelt Dienst hat, sitzen Mirjam und ich umarmt auf einem Baumstamm am Rande des Zeltplatzes. Wir sind so ins Gespräch vertieft, daß wir nicht bemerken, wie er sich mit einem Topf kalten Wassers anschleicht und ihn plötzlich mit Geschrei über uns kippt. Wir werfen sofort mit feuchtem Sand vom Flußufer zurück, eine wilde ausgelassene Balgerei beginnt.

«Endlich habe ich euch erwischt», gluckst Nathan: «Klarer

Fall von Rassenschande!» Peng – hat er eine Ladung Schlamm am Kopf sitzen. Wir halten uns die Bäuche vor Lachen. Schließlich torkeln wir alle in den Fluß, Mirjam und ich noch in vollem Zeug. Nathan hatte sich schon in Badehose angeschlichen.

Als wir am letzten Abend am Lagerfeuer sitzen, denke ich still bei mir, daß dies vielleicht die schönste Woche meines bisherigen Lebens war. Im Grunde gilt dies bis heute, wo ich diese Zeilen niederschreibe.

Mit der Rückkehr nach Paris scheint schlagartig alles Schöne und Leichte vorbei. Zunächst verdunkelt sich nur der Himmel, und wir erreichen die Stadt im strömenden Regen.

Als ich die Wohnungstür leise aufschließe, höre ich laute Stimmen aus der Küche. Kein Zweifel – Onkel und Tante streiten sich. Das gab es früher nie. Durch die geschlossene Küchentür kann ich nicht genau verstehen, worum es geht. Gerade als ich still die Wohnung wieder verlassen will, um sie nicht zu stören, geht die Küchentür auf, und Onkel Abraham kommt mit zornigem Gesicht heraus.

«Hast du etwa an der Tür gelauscht, Herschel? Wir haben dich ja gar nicht kommen hören?»

Von drinnen schimpft Tante Chawa in ungewohnter Lautstärke:

«Jetzt laß aber den Jungen zufrieden. Es reicht, wenn du mich runterputzt. So etwas tut Herschel nicht. Abraham, was ist bloß mit dir los?»

Onkel Abraham wischt sich über die Stirn. «Ich weiß auch nicht. Verzeiht! Es ist alles zuviel, einfach zuviel...» Damit nimmt er seine Jacke vom Bügel und verläßt ohne Gruß die Wohnung.

In der Nacht setzen zum erstenmal wieder meine Magenschmerzen ein, nachdem ich viele Monate davon nicht belästigt worden war. Es ist nicht so heftig wie beim letztenmal, aber

Abb. 7: Herschel Grynszpan in Paris Anfang 1938.

Tante Chawa konstatiert doch am nächsten Morgen deutliches Fieber. Auch jetzt muß ich fast eine Woche das Bett hüten, bevor das Fieber runtergeht und mein Magen wieder Nahrung annimmt. Den Doktor lassen wir nicht kommen. Nathan besorgt mir lediglich die gleichen Tabletten, die auch damals geholfen haben.

Wenige Wochen vergehen mit normalen Alltagsgeschäften, bis ich am 11. August 1938 einen Brief im Postkasten finde, an dessen Inhalt ich schon kaum noch gedacht hatte und der mich deshalb um so stärker trifft:

Das französische Innenministerium teilt mir darin mit, daß meine vorläufige Aufenthaltsgenehmigung für Frankreich vom 20. Januar 1937 hiermit erlöschen würde, eine neue Genehmigung nicht in Frage käme, sondern ich vielmehr binnen vier Tagen, nämlich bis zum 15. August 1938, das Land zu verlassen hätte.

Wie betäubt lasse ich mich neben der Wohnungstür auf den Boden gleiten, starre immer wieder auf das Schreiben, als könnte ich durch Beschwörung dessen Inhalt verändern. Damit habe ich nicht gerechnet. Wohl war ich davon ausgegangen, daß man mich mit der vorläufigen Bescheinigung noch eine Weile schmoren lassen würde – aber das? Unerwünschter Ausländer, ohne gültigen Paß, ohne die Möglichkeit zu bleiben, ohne die Möglichkeit in ein anderes Land, geschweige denn nach Deutschland, zu reisen...

Wenn ich der Aufforderung korrekt nachkommen wollte, müßte ich mir eigentlich sofort einen Strick nehmen und meine Existenz auflösen. Ehrlich gesagt ist dies auch der erste Moment in meinem Leben, wo riesenschwere Resignation mich überfällt, ich mir vorstellen kann, daß es gut wäre, jetzt einfach sitzen zu bleiben, nichts mehr zu machen, einfach einzuschlafen und nicht mehr aufzuwachen.

Onkel Abraham und Tante Chawa sind Tuch kaufen gefahren. Als sie am Nachmittag heimkommen, sitze ich immer noch im Flur auf dem Fußboden.

«Wieder dein Magen?» fragt Tante Chawa sofort, als sie mich sieht. Als ich ihnen den Brief zeige, sehe ich, wie sich auch auf ihren Gesichtern Erschrecken zeigt. Erst dachte ich, ihnen einfach gar nichts davon zu sagen. Aber das wäre nicht fair gewesen. Schließlich wissen wir alle, daß sie sich strafbar machen, wenn sie mich trotz der Ausweisung weiter beherbergen.

«Ja, ist denn die ganze Welt verrückt geworden!» schnaubt der Onkel als erster los. Er läuft den Flur auf und ab, schlägt mit der Hand auf den Brief, dann auf seine Stirn. Abrupt bleibt er stehen.

«Wir lassen dich nicht im Stich, Junge, jetzt gerade nicht. Aber wir müssen vorsichtig sein. Die Polizei weiß, daß du bis jetzt hier gewohnt hast. In aller Regel wird nach der abgelaufenen Frist überprüft, ob du hier noch wohnst. Das heißt, wir müssen dein Zimmer auflösen. Du schläfst erst mal wieder auf dem Sofa in der Werkstatt, dann kannst du zur Not durch die Kammer auch auf den Boden, wenn uns tatsächlich jemand überrascht...»

Seit Wochen schaut er mich erstmals wieder sanft und sorgenvoll, ohne jede Spannung, an:

«Und morgen früh gehe ich gleich zum Komitee. Bis zum 15. August verändern wir hier gar nichts!» Ich setze nicht mehr auf das Komitee. Tatsächlich erfährt der Onkel nur neue Vertröstungen.

Am Abend des 15. August 1938 packe ich meine paar Sachen in zwei Seesäcke und meinen alten Lederkoffer. Zuletzt nehme ich vorsichtig die Landkarte ab, die mir Mirjam und Nathan zum Einzug geschenkt haben.

Am Wochenende darauf schlafe ich bei Nathan, der jedoch jeweils erst gegen Morgen nach Hause kommt und dann bis mittags schläft, so daß wir gar nicht viel Zeit gemeinsam verbringen.

Am Montag gehe ich von Kaufmanns zu einem Kontor, um Stoffe abzuholen. Als ich am frühen Nachmittag bei Onkel und Tante aufschließe, zieht mich die Tante schnell in die Wohnung, hält mir einen Finger auf den Mund: «Heute morgen waren zwei Gendarmen da und haben nach dir gefragt», flüstert sie. Ihr Gesicht ist blaß. Die Tante hat noch nie mit der Polizei zu tun gehabt.

Onkel Abraham ist ruhiger: «Hab ich doch vorher gesagt – das ist Routine, müssen die machen!»

Wir beschließen gemeinsam, daß ich trotzdem die nächsten vierzehn Tage bei Nathan schlafe. Wenn bis dahin nichts weiter passiert ist, könnte ich erst mal wieder einziehen, meint der Onkel.

Er meint es ernst, das spüre ich. Aber ich fühle auch, wie belastet er insgesamt ist. Auf Dauer muß eine andere Lösung gefunden werden. Auf Dauer, frage ich mich, was ist das?

Post von der Schwester

Frau Kaufmann stimmt sofort zu, als ich wieder mit meinem Gepäck vor der Tür stehe. Es ist zwar selten, daß wir uns sehen, weil sie die meiste Zeit außerhalb des Hauses arbeitet und abends zeitig schlafen geht, aber sie meint, ich sei ein guter Umgang für ihren Jungen.

«Mir gefällt es gar nicht, daß Nathan so viel sich selbst überlassen ist. Es ist schwer für mich, ihm ein Familienleben zu bieten. Zum Glück ist er kein kleiner Junge mehr – und er ist auch ganz anders als sein Vater ...»

Ich kommentiere ihre Gedanken nicht. Sie hat es selbst nicht leicht, das ist zu spüren. Daß sie so wenig über ihren eigenen Sohn weiß, tut mir leid. Ich bin jedoch nicht der enige, der dies ändern könnte.

Als ich das Wochenende bei Kaufmanns übernachtete, hatte mir seine Mutter das Sofa in der Wohnstube bezogen. Jetzt baut sie mit mir gemeinsam eine schon etwas klapprige Liege in Nathans kleinem Zimmer auf. Der Schemel kommt auf den Flur.

«Damit du dich nicht als Besucher, sondern wie zu Hause bei uns fühlst!» meint sie aufmunternd.

Auch Nathan ist ausgesprochen gastfreundlich, läßt sich jedenfalls mir gegenüber keinerlei Gereiztheit wegen seines eng belegten Zimmers anmerken.

«Wie im Zeltlager», meint er abends grinsend.

Ich fürchte, daß ich der Ungeduldigste von uns dreien bin. Wenn Nathan morgens noch schläft, ich aber nicht mehr liegen bleiben mag, dann schleiche ich mich in die Wohnstube und lese alle greifbaren Zeitungen und Bücher. Da Onkel und Tante meinten, ich sollte zunächst auch die Botengänge lassen, habe ich den ganzen Tag über nichts zu tun. Ich begleite Nathan abends das erste Mal wieder seit langer Zeit in die Lokale, in denen er Geld mit anderen Männern verdient.

Doch ich nehme das Treiben um mich herum nur begrenzt wahr.

«Für so ein Visum nach Palästina würde ich alles machen!» sage ich eines Abends ernst zu Nathan, als wir zu zweit und ungestört an der Theke stehen. «So?» meint der Freund stirnrunzelnd.

Plötzlich hält er inne: «Weißt du eigentlich, daß hier auch irgendein höheres Tier von der deutschen Botschaft ab und zu verkehrt? Ich kenne den nicht persönlich, ist so'n Schüchterner und Blasser, aber ich kann ihn dir mal bei Gelegenheit zeigen, wenn er wieder auftaucht...»

Mein Herz beginnt zu schlagen: «Mensch, Nathan, was willst du denn damit sagen? Meinst du, wenn ich den angrinse, dann gibt er mir 'n Paß? Du spinnst ja!»

Ich bin sauer auf Nathan. Fühle mich nicht ernstgenommen von ihm. Das Gespräch erstirbt. Ich versinke erneut in Grübelei.

Wenige Abende später stößt mich Nathan unauffällig an:

«Da hinten steht er!»

«Wer?»

«Der Typ von der deutschen Botschaft!»

Ich mustere den hageren, vornehm, aber nicht angeberisch gekleideten jungen Herrn ausführlich. Vielleicht Ende Zwanzig mag er sein, steht da nur, redet mit niemandem.

Das ist also einer von den «Herrenmenschen», denke ich bitter bei mir. Glücklich sieht der auch nicht aus, eher verkniffen, fast furchtsam. Ein «sale boche», wie die Franzosen sagen!*

«Weißt du seinen Namen?» frage ich Nathan leise.

«Keine Ahnung», lautet seine Antwort. «Und jetzt?» Mein Freund schaut mich herausfordernd an. Ich spüre, wie ihm die Situation zu gefallen beginnt. «Soll ich ihn mal für dich anquatschen?»

«Jetzt halt deine Schnauze!» fahre ich Nathan an. Ich hasse ihn, wenn er so ist wie jetzt.

Ohne ein weiteres Wort verlasse ich den Laden.

Ich bin noch nicht weit gegangen, als Nathan plötzlich neben mir auf dem Bürgersteig auftaucht.

«Komm, entschuldige, Herschel, ich wollte dich nicht beleidigen. Ich weiß doch, daß es dir dreckig geht...»

Wir gehen ein Stück schweigend nebeneinander her.

«Weißt du, Nathan, das schlimmste ist wirklich, daß ich einfach nicht mehr weiß, was ich machen kann. Ich beginne allmählich hier in Paris genauso herumzulungern wie...» Ich stocke.

«...wie ich, meinst du, nicht?» beendet er meinen Satz. Ohne Bitterkeit. Er ist längst nicht so empfindlich wie ich.

---

* In Frankreich während der NS-Zeit gebräuchliches Schimpfwort für die Deutschen (wörtlich: dreckiges Schwein).

«So wollte ich es nicht sagen, Nathan», will ich erklären. Aber Nathan winkt ab:

«Hast ja recht. Okay. Mach mal 'n besseren Vorschlag…» entgegnet er traurig, keine Spur von Zynismus.

«Aber du hast doch noch Mirjam!»

In dem Moment, als ich ihren Namen erwähne, erstarrt Nathan neben mir. Er packt mich am Arm, ohne jede Beherrschung, schreit mich an: «Du nimmst ihren Namen nicht mehr in den Mund, verstanden!!»

Zutiefst erschrocken fahre ich zusammen: Was hat er da bloß wieder in sich reingefressen die letzten Tage? Was ist passiert? Denn als Mirjam am letzten Wochenende weder im Stadthaus noch im Sportclub war, hatte er sich mit keiner Miene anmerken lassen, daß irgend etwas Besonderes vorgefallen war. Es kommt ab und zu mal vor, daß sie einen Tag nicht dabei ist.

Er hält mich noch immer am Arm gepackt. Gepreßt stößt er hervor:

«Du gehst mir mit deiner Besserwisserei und deinem moralischen Gesicht reichlich auf die Nerven, Herschel!»

Ich spüre, daß es in ihm kocht wie in einem Vulkan – und doch schien er noch vor Minuten der ausgeglichenste Mensch der Welt zu sein. Jetzt sprüht Wut und Aggression aus seinen Augen.

Ich schüttele seinen Arm ab – gehe einen Schritt zurück, frage vorsichtig nach: «Was ist denn los mit Mirjam?»

Da kocht Nathan über, schlägt mir mit der Faust mitten ins Gesicht, packt mich am Kragen, der im selben Moment aufreißt.

Im Abwehrreflex, ohne auch nur nachzudenken, trete ich ihm in den Magen, versuche ihn auf Distanz zu halten. Doch er läßt sich nicht halten und nicht beruhigen.

Obwohl ich fast einen Kopf kleiner bin als er, bin ich doch wesentlich trainierter als er. Wir beide wissen, daß er keine Chance gegen mich hat, haben es längst abends in freundschaftlichen Balgereien vor dem Schlafengehen miteinander geklärt.

Als die ersten Passanten stehenbleiben und ich fürchte, daß jemand möglicherweise einen Polizisten hinzuruft, nehme ich ihn mit aller Kraft in den Schwitzkasten und trete ihn mit dem Knie zweimal gegen die Brust, so daß er nach Luft ringend aufgeben muß.

Schwer atmend bleiben wir beide für eine Weile in einem dunklen Hauseingang sitzen.

Nathan ist wieder bei sich. Ich kann nicht erkennen, ob er weint, höre nur, wie er ein paarmal schniefend die Nase hochzieht. Es müssen mehrere Minuten vergangen sein, als er kaum hörbar sagt: «Mirjams Familie geht in diesen Tagen nach New York. Verwandte von dort bürgen für sie…»

«Seht Ihr euch noch mal vorher?»

«Nein, ihre Eltern haben es verboten. Aber Mirjam selbst hat auch gesagt, daß sie mit ihren Eltern gehen will. Daß es ihr zwar leid tut, aber sie sich keinesfalls wegen mir von ihren Eltern trennen würde.»

Ich kann mich nicht erinnern, wie lange wir so dagesessen haben. Obwohl es eine laue Spätsommernacht ist, beginnen wir irgendwann beide zu frieren. In einem nahen Lokal gibt Nathan uns beiden Bier und Cognac aus, bis der Laden dichtmacht. Als wir in die Rue des Petites Ecuries einbiegen, beginnt der Morgen zu dämmern.

Von dieser Nacht an ändert sich einiges in unserem gemeinsamen täglichen Tagesablauf. Auch Nathan beginnt eher aufzustehen, in seine Lokale geht er nur noch am Wochenende. Von Freunden haben wir den Tip bekommen, daß man sich manchmal an den Kais der Seine durch Hilfsarbeiten beim Aus- und Einladen der großen Schlepper was verdienen kann. Es ist nicht viel für die harte Arbeit, auch geht die Pöbelei der Hafenarbeiter, die die

Konkurrenz fürchten, auf die Nerven, aber es ist noch besser als nur rumzuhängen. Und dadurch, daß wir es zu zweit machen, ist es erträglich.

Öfter sitzen wir nun auch abends zu dritt in der Wohnung der Kaufmanns zusammen, lesen dort die Zeitung wie früher bei Onkel Abraham und Tanta Chawa. Als die vierzehn Tage um sind, ziehe ich zunächst nicht wieder offiziell zurück zu Onkel und Tante, sondern schlafe mal hier und mal dort, wie es sich so ergibt.

Anfang Oktober 1938 beginnt im «Pariser Haint» eine neue aktuelle Artikelserie über die Entwicklung der deutsch-polnischen Beziehungen und ihre Auswirkungen für die polnischen Juden, die im Ausland wohnen. In Deutschland leben jetzt etwa 50000 Juden polnischer Staatsangehörigkeit, die zum Spielball der Politik zwischen beiden Ländern zu werden drohen. Die polnische Regierung erläßt am 9. Oktober 1938 eine Verordnung zu einem Dekret, die besagt, daß alle Pässe von Polen, die länger als fünf Jahre außerhalb der polnischen Staatsgrenzen leben, in Kürze ungültig würden. Das bedeutet einerseits, daß diese Menschen staatenlos werden, und andererseits, daß die deutsche Regierung die im deutschen Reich lebenden polnischen Juden nicht mehr würde legal abschieben können. Dementsprechend verlangt Hitler eine Zurücknahme dieses polnischen Dekrets, nicht um den jüdischen Menschen zu helfen, sondern um – wie eine Zeitung wörtlich schreibt – «nicht auf ihnen sitzenzubleiben».

Ich mache mir zunehmend mehr Sorgen um Berta und Markus, Vater und Mutter als um mich, denn wie wird die Kraftprotzerei zwischen Deutschland und Polen ausgehen? Was steht den betroffenen polnischen Juden in Deutschland bevor?

Ende Oktober 1938 treffen meine schlimmsten Befürchtungen ein. Der «Pariser Haint» und andere französische Tageszeitungen berichten ausführlich:

Nachdem die polnische Regierung am 27. Oktober 1937 eine

Abb. 8: Vertriebene polnische Juden in Zbanszyn im Oktober / November 1938, wo sie unter katastrophalen Bedingungen z. T. monatelang ausharren mußten. Das Lager wurde erst im Juli 1939 aufgelöst.

Rücknahme des Dekrets in einer offiziellen Note verweigert hatte, erteilt die Gestapo noch am gleichen Tag den Befehl, die betroffenen polnischen Juden in Deutschland zu verhaften und umgehend in Sonderzügen über die polnische Grenze abzuschieben.

Die Zeitungen berichten, daß am 28. Oktober 1938 polnische Juden – Männer, Frauen, Kinder –, vor allem aus den Großstädten Hamburg, Hannover, Berlin, Essen, Köln und Stuttgart – zusammengetrieben und in bewachten und verriegelten Eisenbahnwaggons über die polnische Grenze gefahren werden. Die polnischen Grenzposten seien von der Aktion völlig überrascht gewesen, hätten zuerst Warnschüsse abgegeben, um zu verhindern, daß die Menschen auf polnisches Staatsgebiet kommen.

Von den 50000 in Deutschland lebenden Betroffenen seien 15000 bis 17000 erfaßt worden.

Etwa 12000 von ihnen seien über die Grenze zwischen Neu-Bentschen in Deutschland und Zbanszyn (Alt-Bentschen) in Polen deportiert worden. Diese Menschen wären anfangs im Niemandsland zwischen beiden Staaten hin- und hergeirrt. Doch die deutschen Wachmannschaften hätten niemand zurückgelassen. Wer nicht freiwillig gegangen sei, wäre rübergeprügelt worden. Die polnischen Grenzbeamten hätten schließlich die Ausgewiesenen in einem Wäldchen in der Nähe von Zbanszyn einige Stunden im Regen sitzen lassen, bevor sie ihnen schließlich die Einreise in den kleinen Ort genehmigt hätten. Zunächst seien sie in Schuppen, Scheunen und Zelten untergebracht worden. Ihr weiteres Schicksal sei ungewiß.

Fast jedes Wort dieser Zeitungsartikel sehe ich noch heute nach Jahren vor Augen. Ich kann, als ich diese Zeilen zuerst in Paris gelesen habe, vor Sorgen um Berta und Markus, um Vater und Mutter kaum noch ruhig nachdenken. Nachts verfolgen mich wilde Träume von gequälten Menschen. Nathan versteht meine Ängste gut. Wenn ich nur wüßte, ob meine Familie verschont wurde oder ob es sie auch getroffen hat.

Onkel Abraham hält mein Verhalten für hysterisch. Er sagt, noch sei ja gar nicht genau klar, was passiert sei – und wir müßten zunächst präzisere Nachrichten abwarten. Ich kann kaum mit ihm darüber reden.

Am 3. November 1938 klingelt Tante Chawa bei Kaufmanns. Zufällig bin ich allein in der Wohnung.

«Gut, daß ich dich antreffe, Herschel. Hier ist endlich Nachricht von deiner Familie...»

Schon habe ich ihr die Karte aus der Hand gerissen. Sie trägt einen Poststempel aus Zbanszyn vom 1. November 1938. Die Handschrift von Berta erkenne ich sofort:

Lieber Herschel,

«Du hast gewiß von unserem großen Unglück gehört. Ich gebe Dir eine Beschreibung der Vorgänge.

Donnerstagabend liefen Gerüchte umher, alle polnischen Juden einer Stadt seien ausgewiesen worden. Allerdings weigerten wir uns, es zu glauben.

Donnerstagabend um 21 Uhr ist ein Schupo zu uns gekommen und hat uns erklärt, wir müßten ins Polizeirevier kommen und unsere Pässe mitbringen. So wie wir waren, gingen wir alle zusammen in Begleitung des Schupos zum Polizeirevier. Dort war bereits fast unser ganzes Viertel versammelt. Ein Polizeiwagen hat uns sofort alle ins Rathaus gefahren. Alle wurden dorthin gebracht.

Man hatte uns noch nicht gesagt, worum es sich handelte, aber wir hatten gesehen, daß es um uns geschehen war.

Man steckte jedem von uns einen Ausweisungsbefehl in die Hand. Wir sollten Deutschland vor dem 29. Oktober verlassen.

Man hat uns nicht mehr erlaubt, nach Hause zu gehen. Ich hatte gebeten, man lasse mich in die Wohnung zurück, um wenigstens einige Sachen zu holen. Ich bin dann in Begleitung eines Schupos heimgegangen und hatte die notwendigsten Kleider in einen Koffer gepackt. Und das ist alles, was ich gerettet habe.

Wir haben keinen Pfennig. Könntest Du uns nicht etwas nach Lodz schicken?

Küsse von uns allen.

Berta»*

---

* Dieser Brief befindet sich im Original im Deutschen Zentralarchiv in Pots-
dam unter dem Zeichen «RMfVP 991 F 54-55». Hier wird zitiert nach einer
Veröffentlichung aus dem Buch «Die Kristallnacht» von Rita Thalmann und
Emmanuel Feinermann, Frankfurt / M. 1987, Seite 41.
«Schupo» ist die Abkürzung für Schutzpolizist.

Ich kann kaum atmen. Die Tante steht stumm vor mir.

«Hast du die Karte nicht gelesen?» schreie ich sie im Treppen-haus an. «Die bringen meine Familie um!!»

«Herschel, das kannst du so nicht sagen», sucht sie mich zu beruhigen. «Der Onkel will mit dir sprechen. Willst du nicht gleich mitkommen?»

Bevor ich nicht ein wenig ruhiger bin, traue ich mich nicht zu ihnen hinüber.

«Ich will erst mit Nathan darüber sprechen. Ich komme dann nachher zu euch, ja?»

Heute ist Donnerstag. Nathan geht an diesem Tag immer schon eher in den Sportclub als ich. Dort werde ich ihn finden. Ohne mir eine Jacke überzuziehen, laufe ich den weiten Weg von der Rue des Petites Ecuries bis zum Sportclub in der Rue Vieille du Temple.

Nathan sieht sofort, daß etwas passiert ist. Völlig außer Atem reiche ich ihm ohne ein Wort die Karte.

«Scheiße», sagt er einmal während des Lesens. Dann noch ein-mal: «Scheiße – was jetzt?»

«Was rätst du mir?»

«Zunächst mußt du Geld locker machen. Du kannst etwas von meinem Gesparten haben, Herschel! Dann ist Onkel Abra-ham wohl auch dran, nicht?»

Ich muß einen ziemlich schrecklichen Eindruck machen. Na-than nimmt mich beruhigend in den Arm. Einige Freunde aus dem Club gucken.

«Soll ich mitkommen?» fragt er nach einer Weile.

Ich schüttele den Kopf. «Danke, Nathan!»

Ich gehe nicht gleich zu Onkel Abraham und Tante Chawa. Ich spüre in mir, daß etwas geschehen wird. Daß ich nicht mehr warten kann auf irgendein Wunder, das nicht eintrifft. Wo sollen wir nur hin? Was wollen uns die Nazis noch antun? Was ist mit meiner Familie? Wut und Ohnmacht schütteln mich hin und her.

Ich wäre bereit, mein Leben dafür zu geben, wenn ich etwas ändern könnte am Schicksal meiner Glaubensgenossen unter der Herrschaft der Nazis. Aber was? Was??

Wenn ich mich einfach umbringe, wird dieser Tod eines armen, staatenlosen Judenjungen kaum jemand interessieren. So was kommt vor. Haben sich schon viel Prominentere umgebracht.

Oder wenn ich es an einem bekannten öffentlichen Platz tue? Oder in der Gegenwart eines Politikers – vielleicht vor dem Präsidentenpalast? Oder vor der deutschen Botschaft?

Meine wilden Gedanken verwirren mich. So werde ich überhaupt nichts bewirken. So aufgeregt und durcheinander wie ich jetzt bin. Ich laufe noch einige Stunden ziellos durch die Stadt, ohne innerlich klarer zu werden. Nur eine gewisse Erschöpfung stellt sich am späten Nachmittag ein.

Onkel Abraham reagiert wie befürchtet. Oder nein, vielleicht sogar noch schlimmer. Denn er will nicht nur die Realität dieser Deportation von 15000 bis 17000 Juden aus Deutschland nicht wahrhaben, sondern behauptet sogar jetzt noch, daß es auch hätte schlimmer kommen können. Schließlich sei niemand verletzt worden, das hätte Berta sonst bestimmt erwähnt. Geld könne er keinesfalls senden, bevor nicht eine sichere Anschrift existieren würde. «Postlagernd nach Lodz» sei in diesen Zeiten viel zu unsicher.

An diesem Abend wird der kleine Riß von vor ein paar Wochen zu einem unübersehbaren Bruch zwischen Onkel Abraham und mir. Ich vergesse nicht, was er alles für mich getan hat. Aber jetzt muß etwas unternommen werden, jetzt! Und da wird er mich eher abzuhalten versuchen, als mich zu unterstützen. Ich beschließe, nicht mehr mit ihm darüber zu reden. Es hat einfach keinen Sinn.

Die folgende Nacht über bleibe ich auf, sitze bei Kaufmanns im Wohnzimmer und lese noch einmal gewissenhaft alle Zeitungsberichte, die ich zu den Vorfällen finden kann.

Am Freitagmorgen falle ich endlich in bleiernen Schlaf, wache erst spät in der Nacht zum Samstag wieder auf. Neben dem Sofa liegt ein Zettel von Nathan: «Bin im ‹Tout va bien›, wenn du mich suchst.»

Es ist schon nach Mitternacht, aber ich ziehe mir noch ein frisches Hemd an, rasiere mich und laufe hinüber in die Kneipe. Nathan kann ich nirgends sehen, vermutlich ist er mit einem Kunden weg. Ich bestelle mir ein Bier, sitze an dem gleichen Tisch, an dem mir Nathan vor einiger Zeit von dem deutschen Botschaftsangehörigen erzählte, ihn mir kurz darauf zeigte. Auch er ist heute nicht zu erblicken.

Ich weiß nicht, was ich machen würde, wenn der jetzt hereinkäme, denke ich plötzlich voller Haß. Er kommt nicht herein. Ich versuche, diese Gedanken wieder zu verdrängen.

Es dauert lange, bis Nathan aufkreuzt, zum Glück allein.

«Na?» fragt er mich sorgenvoll. Er sieht selbst erschöpft aus.

«Von Onkel Abraham ist nichts zu erwarten. Ich muß selbst etwas unternehmen, um meiner Familie zu helfen... wenn ich nur wüßte, was!»

Nathan ist nicht mehr zu langen Grübeleien aufgelegt.

«Ich kann nicht mehr, bin total müde. Kommst du mit nach Hause?»

Kaum sind wir daheim, schläft er tatsächlich sofort ein. Ich bin hellwach, setze mich erneut aufs Sofa, um ihn nicht zu stören. Da ich die Zeitungen fast auswendig kenne, nehme ich mir in dieser Nacht das Alte Testament vor, blättere herum, kann mich nicht für eine Stelle entscheiden. Irgendwann muß ich so eingeschlafen sein. Samstagmittag weckt mich Nathan auf dem Sofa. Ich habe noch alle Sachen vom Vorabend an. Ohne viel zu reden, packen wir unser Sportzeug zusammen, laufen zum Club.

An diesem Nachmittag nimmt mein Vorhaben das erste Mal Gestalt an in meinem Kopf. Mir wird klar, daß ich mit niemandem darüber sprechen darf, wenn es überhaupt eine geringe Chance auf Erfolg haben soll. Auch mit Nathan nicht. Er wird es später verstehen.

Am Abend gehe ich nicht mit zu Kaufmanns, sondern übernachte bei Onkel Abraham und Tante Chawa, weil es dort vorab noch einiges für mich zu erledigen gibt. Wir reden kaum miteinander, auch ich suche keine Aussprache. Als beide schlafen, hole ich all meine Ersparnisse – knapp 320 Francs – aus meinem Versteck und tue sie in die Innentasche meines Mantels.

So wie ich Nathan nicht mit hineinziehen will, so möchte ich auch nicht, daß Onkel und Tante durch das, was ich vorhabe, leiden müssen. Vor Montag kann ich nicht handeln. Sonntagabend will ich bereits beide Wohnungen verlassen haben.

Aber dann geht es doch etwas schneller als geplant. Während des Mittagessens fängt der Onkel ein Gespräch an:

«Junge, hast du nun eingesehen, daß wir nichts tun können, wenn wir nicht alles noch schlimmer machen wollen?»

Die Tante setzt dem, sicher wohlmeinend, aber meine Gedanken ebenfalls völlig verkennend, noch eins drauf:

«Wirst sehen, bald kommen wieder bessere Nachrichten von Berta! Die können ja die Menschen im Winter nicht wochenlang in Zelten sitzen lassen!»

Ich antworte nach einer Pause ruhig, vielleicht zu ruhig: «Und wieso können die das nicht?»

Onkel und Tante wechseln Blicke miteinander. «Weil Menschen so etwas nicht tun!» sagt Tante Chawa bereits wieder leicht gereizt.

Auch mir fällt es schwer, mich zu beherrschen: «Weil ihr keine Ahnung habt, was Menschen anderen Menschen antun können! Weil ihr selbst nicht bereit seid, etwas dagegen zu tun!»

«Du bist ungerecht, Herschel!» entgegnet der Onkel scharf.

«Wenn es dir hier bei uns nicht paßt, weil wir zu blöd und feige sind, dann solltest du tatsächlich endlich dahin gehen, wo deine besseren Menschen leben!»

Es ist deutlich, daß ich überzogen habe. Nichts gibt es mehr zu sagen. Schweigend schiebe ich meinen Teller zur Seite. Wie unter Zentnergewichten erhebe ich mich, gehe in den Flur meinen Mantel holen. Bevor ich die Wohnungstür hinter mir schließe, will ich ihnen noch etwas zurufen, etwas Versöhnliches oder Entschuldigendes. Ich kann es nicht. Leise ziehe ich die Tür ins Schloß.

Um nicht vorzeitig Verdacht zu erregen, gehe ich wie jeden Sonntagnachmittag zum Sportclub. Am Place de la Republique treffe ich zufällig auf Nathan. An sich habe ich ihn bereits im Club vermutet. Wir reden nicht viel an diesem Nachmittag. Ich bin ihm dafür dankbar. Da an diesem Tag eine Tanzveranstaltung im Club ist mit lauter Musik, fällt mein Schweigen kaum auf.

Erst auf dem Rückweg, es muß so gegen 19 Uhr sein, teile ich Nathan mit, daß ich die folgende Nacht weder bei ihm noch bei Onkel und Tante schlafen werde.

«Wohin willst du denn um alles in der Welt?» fragt er erstaunt, aber nicht ernstlich besorgt.

«Nathan, du bist mein einziger Freund. Aber bitte versteh, daß ich dir nicht mehr sagen kann jetzt. Ich sterbe lieber wie ein Hund, als jetzt umzukehren...»

Er schaut mich ernst an: «Du würdest es mir sagen, wenn ich dir helfen kann, ja?»

Ich nicke. Wir geben uns die Hand. Dann trennen sich unsere Wege. Nachdem ich Nathan aus den Augen verloren habe, gehe ich zum «Hotel de Suez» am Boulevard de Straßbourg 17 und

miete mir ein Zimmer unter falschem Namen.* Den fehlenden
Paß entschuldige ich damit, daß mein Gepäck noch am Bahn-
hof sei. Da ich im voraus für die Nacht mit Frühstück bezahle,
läßt sich der Portier auf die Geschichte ein. Ich bitte ihn, mich
am folgenden Morgen um 7 Uhr zu wecken. Der folgende
Morgen ist Montag, der 7. November 1938 – ein strahlender
Sonnentag in Paris, ungewöhnlich warm und freundlich für die
Jahreszeit.

Der 7. November 1938 in Paris

Es ist nicht erstaunlich, daß ich in dieser Nacht nur wenig
schlafen kann. Und doch ist in mir, seit ich meinen Entschluß
gefaßt habe, eine eigenartige Ruhe und Konzentration.

Noch bevor mich der Portier weckt, sitze ich über den klei-
nen Nachttisch gebeugt und schreibe meinen Eltern ein paar
Zeilen, um sie um Verständnis für mein Vorhaben zu bitten.
Ich adressiere die Karte an «Maison Albert», die Anschrift von
Onkel Abraham und Tante Chawa.

Nach dem Frühstück verlasse ich gegen 8 Uhr das Hotel, um
zu einer mir bekannten Eisenwarenhandlung in der Rue du
Faubourg Saint-Martin 61 zu gehen. Im Schaufenster sind unter anderem auch Schußwaffen ausgestellt. Der Besitzer des La-
dens «A La Fine Lame»**, Monsieur Carpe selbst, bedient an
diesem Morgen.

Ich gebe an, eine Pistole zu benötigen, da ich für meinen Onkel öfter größere Geldsummen zu transportieren hätte.

---

* Herschel trägt sich im Hotel ein als: «Heinrich Halter, 18 Jahre, aus Hannover.»
** Französisch für: «Zur guten Klinge».

Meine lieben Eltern!
Ich konnte nicht anders
tun, ... verzei-
hen, das Herz blutet mir
wenn ich von eurer
Tragödie und 12000 an den
Juden hören muß. Ich
muß protestieren das
die ganze Welt meinen
Protest erhört, und das
werde ich tun, ent-
schuldigt mir. Herman

Maurice
Albert
Paris I ...
... des Défis ... —
Courrier.

Monsieur Carpe empfiehlt mir einen 6,35-mm-Trommel-revolver, weil dieser besonders leicht zu bedienen und unauffällig zu tragen sei.

«Sie wissen, daß Sie oder Ihr Onkel die Waffe bei der Polizei registrieren lassen müssen?» fragt er, nachdem ich insgesamt 245 Francs für die Waffe und Patronen bezahlt habe.

«Selbstverständlich», antworte ich ruhig. «Sie wird noch heute registriert werden.»

Da ich noch nie eine Schußwaffe in der Hand hatte, lasse ich mir die Funktionsweise des Revolvers ausführlich erklären, bevor ich den Laden verlasse.

Auf dem Weg zur Metro gehe ich kurz ins «Tout va bien», um dort auf der Toilette die Pistole zu laden und danach wieder in meiner linken inneren Jackentasche zu verstecken. Das Lokal ist

Links Abb. 9: Herschels Abschiedskarte an seine Eltern vom Morgen des 7. November 1938 (Q: Yad Vashem Archiv Jerusalem):
«Meine liben Eltern!
Ich konnte nicht anders tun, soll G"tt mir verzeihen, das Herz blutet mir wenn ich von eurer Tragödie und 12 000 anderer Juden hören muß. Ich muß protestieren, das die ganze Welt meinen Protest erhört, und das werde ich tun, entschuldigt mir. Hermann.»
Vier Anmerkungen scheinen notwendig:
Von ersten Polizeiprotokollen bis zu heutigen historischen Untersuchungen wird immer wieder das «fehlerhafte Deutsch» negativ betont. Dabei ist zu bedenken, daß Herschels Muttersprache Jiddisch ist, er Deutsch erst in der Schule lernt und Französisch erst ab 1936. Er unterzeichnet die Karte hier mit der deutschen Form seines Vornamens (Hermann).
Über dem Wort «Meine» sind drei hebräische Schriftzeichen zu erkennen. Diese Abkürzung steht für «be esrat ha'schem» (mit Gottes Hilfe), eine bei traditionellen Juden bis heute übliche Gepflogenheit auf Briefköpfen. Ebenso wird der Name Gottes nicht ausgeschrieben, sondern mit «G"tt» kenntlich gemacht.
Die Zahl 12 000 hat Herschel vermutlich einer Zeitungsinformation entnommen. Heute wird von 15 000 bis 17 000 betroffenen jüdischen Menschen ausgegangen.

um diese Morgenstunde so gut wie leer, eine ältere Frau wischt den Boden hinter der Theke.

Mit der Metro fahre ich in wenigen Minuten bis zur Station Solferino auf der Südseite der Seine. Von hier sind es nur wenige Meter bis zur deutschen Botschaft in der Rue de Lille 78.

An dieser Stelle ist der einzige Schwachpunkt meines Plans: Wird es mir gelingen, zu einem der höheren Botschaftssekretäre oder gar zum Botschafter selbst vorgelassen zu werden? Während ich nur einige Schritte vor dem Tor zur Botschaft noch einmal die nächsten Sätze innerlich aufsage, geht an mir ein älterer, vornehmer Herr sicheren Schrittes auf den Eingang zu.

Ich spreche ihn auf französisch an:

«Pardon, Monsieur, können Sie mir sagen, wann der Botschafter persönlich zu sprechen ist?»

Der Herr stutzt einen Moment, weist mich dann höflich zur Pförtnerloge, wo alle Formen der Anmeldungen vorzunehmen seien.*

Die Pförtnerloge ist zunächst nicht besetzt. Auf mein Klingeln erscheint eine Frau, die sich nach meinen Wünschen erkundigt.

«Ich habe ein wichtiges Dokument dem Botschafter persönlich abzugeben!» beginne ich mit möglichst ruhiger Stimme.

«Vielen Dank», lautet ihre eilfertige Antwort. «Das können Sie gern mir abgeben. Ich werde es dann an den Herrn Botschafter weiterleiten.»

---

* Was Herschel damals und auch kurz nach 1945 nicht wissen konnte: Dieser vornehme Herr war der deutsche Botschafter Graf Welczek persönlich, der von seinem Morgenspaziergang heimkehrte. In seinem offiziellen Bericht an das Auswärtige Amt vom 8. 11. 1938 verschweigt der Botschafter die Begegnung. Sie wird erst einige Jahre nach dem Kriege bekannt (vgl. in der Literatur: HEIBER 1957, S. 134).

Abb. 10: Die ehemalige deutsche Botschaft in Paris in der Rue de Lille 78 in den dreißiger Jahren.

Doch ich bleibe dabei: «Es tut mir leid, aber zu dem Dokument sind einige persönliche Erklärungen notwendig, die ich nur direkt übermitteln darf!»

«Moment bitte!» Leicht beleidigt klappt sie ihr Fensterchen wieder zu, erscheint kurz darauf mit einem Amtsdiener an ihrer Seite.

Mit diesem Angestellten beginnt zuerst der gleiche Dialog. Als ich auch hier beharrlich bleibe, sagt er schließlich:

«Es ist ganz unmöglich, daß Sie den Herrn Botschafter ohne Voranmeldung sprechen. Ich kann versuchen, ob einer der Botschaftssekretäre bereit ist, Sie zu empfangen. Wen darf ich melden?»

«Bedaure, aber auch das darf ich nur persönlich bei Übergabe des Dokuments mitteilen!»

Er zieht ab. Noch immer stehe ich in der Eingangshalle der Botschaft vor der verschlossenen Haupttür. Vor dem Botschaftsportal auf der Rue de Lille versieht ein gelangweilter französischer Polizist seinen Dienst, beachtet mich kaum, unterdrückt ab und zu ein Gähnen.

Endlich wird die Tür zum Botschaftsinneren von der anderen Seite entriegelt. Der Amtsdiener winkt mir zu.

«Der Herr Attaché vom Rath ist bereit, Sie zu empfangen!» *

Wir gehen einen langen Flur entlang. Unsere Schritte quietschen auf dem blank gewienerten Linoleum. Mit der linken Hand fühle ich das Gewicht des kleinen Revolvers. Mein Herz schlägt bis zum Hals.

An einer der Türen hält der Amtsdiener einen Moment inne,

---

* *Es ist ein Zufall, daß Herschel zum Legationsrat Ernst vom Rath geführt wird, denn der an sich zuständige Vertreter des Botschafters, der Gesandtschaftssekretär Ernst Achenbach, erscheint an diesem Morgen verspätet zum Dienst. Erst nachdem er dies festgestellt hat, fragt der Amtsdiener bei Ernst vom Rath an.*

Abb. 11: Der Tatort – das Büro Ernst vom Raths in der deutschen Botschaft. Links aus dem Ledersessel hat Herschel die fünf Schüsse abgefeuert.

als würde er in das Zimmer lauschen, klopft dann zweimal kräftig an.

«Herein!» klingt eine Männerstimme von drinnen.

Der Amtsdiener öffnet, sagt: «Hier ist der junge Mann!» wendet sich um zum Gehen – und gibt erst in diesem Moment den Blick frei in das Zimmer und auf den Attaché.

Mir stockt für einen Moment der Atem – ich erkenne ihn sofort wieder: der blasse junge Herr aus dem «Tout va bien», auf den Nathan mich aufmerksam gemacht hatte. Hat er auch mich erkannt? Ich bin mir nicht sicher.

Jetzt weist er mit der Hand auf einen Ledersessel rechts neben sich, erhebt sich vom Schreibtischstuhl, beginnt in dienstlichem Ton: «Was führt Sie zu mir? Ich hörte, Sie hätten ein Dokument zu übergeben?»

Keine Zeit darf ich nun vergeuden. Ich ziehe meinen Revolver, richte ihn auf seinen Körper.

«Hier ist das Dokument, das ich Ihnen im Namen von 12 000 schikanierten Juden zu überbringen habe!»

Er steht etwa zwei Meter von mir entfernt, sein Gesicht erstarrt, die Stimme bleibt zunächst beherrscht:

«Was wollen Sie von mir?»

Gut, denke ich, er kommt schnell zur Sache.

«Ich will, daß Sie meine Familie wieder aus Polen rauslassen und uns gemeinsam Papiere für die Ausreise nach Palästina beschaffen!»

Sein Gehirn arbeitet, er rührt sich nicht von der Stelle.

«Sie wissen, daß mir das gar nicht möglich ist. Ich kann allein überhaupt nichts für Sie tun!»

Jetzt muß ich aufs Ganze gehen: «Dann bin ich gezwungen, Sie zu erschießen. Es ist meine einzige Möglichkeit, die Weltöffentlichkeit darauf aufmerksam zu machen, wie ihr deutschen Verbrecher mit dem jüdischen Volk umgeht!»

Plötzlich kneift er die Augen zusammen, wechselt den Ton: «Sag mal, ich kenne dich doch irgendwoher?»

Ist es möglich, daß er sich tatsächlich nicht erinnert?

Ich helfe nach: «Allerdings kennen wir uns! Aus dem ‹Tout va bien› zum Beispiel!»

Er hatte es tatsächlich nicht zusammenbekommen. Das erste Mal zeigt sich wirkliches Erschrecken in seinem Gesicht. Er droht, die Fassung zu verlieren.

«Du mieser kleiner jüdischer Stricher», zischt er mir aus zusammengepreßten Zähnen zu, stürzt in seiner Panik einen Schritt auf mich zu und versetzt mir einen Schlag gegen die Brust, der mich in den Sessel zurückwirft. Im gleichen Moment feuere ich vor Schreck meinen ersten Schuß ab, noch ungezielt, irgendwo in die Decke.

Erst als es knallt, läßt er von mir ab und will zur Tür seines

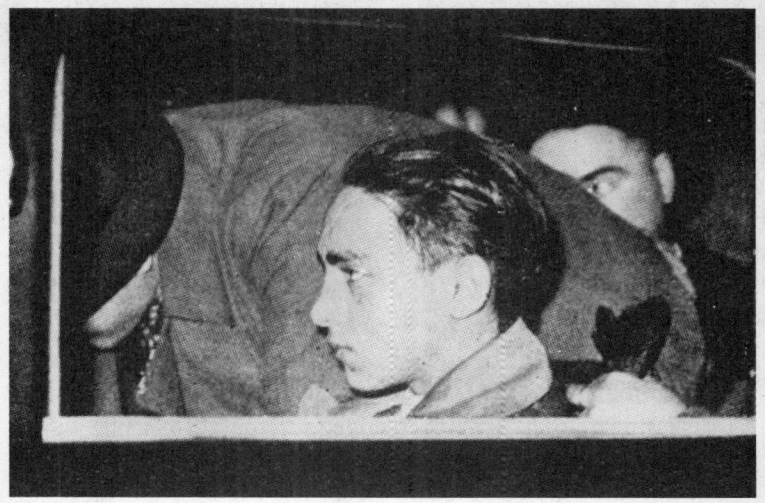

Abb. 12: Herschel unmittelbar nach seiner Verhaftung im Polizeiauto auf dem Weg zum Kommissariat am 7. November 1938.

Zimmers flüchten. Zwei weitere Schüsse gehen ungezielt in meiner Aufregung ab – erst dann konzentriere ich mich und scheine ihn auch getroffen zu haben. Er erreicht trotzdem die Tür, reißt sie auf, ruft um Hilfe.

Voller Entsetzen über das, was ich angerichtet habe, verharre ich im Sessel, lasse mir Sekunden später vom Amtsdiener die Waffe abnehmen und kurz darauf Handschellen anlegen.

War es das, was ich gewollt habe? Ich bin noch so erschrocken von dem Geschehen, vom Anblick des zusammenbrechenden Attachés, seinen vor dem Bauch verkrampften Händen, durch die langsam Blut sickert, daß ich jedes Gefühl für die Situation verloren habe.

Ich höre die Sirenen des Krankenwagens und mehrerer Polizeiwagen, die wenig später eintreffen. Ohne jeden Widerstand lasse ich mich durch einen Nebenausgang zu einem Polizeiauto führen und von dort in das nahe Polizeirevier fahren. Vor der Botschaft hat sich inzwischen eine neugierige Menschenmenge versammelt. Einige Fotografen bemerken unseren Abzug, eilen hinzu, blitzen los wie verrückt.

Auf dem Polizeirevier werden zunächst alle meine Taschen durchsucht, meine Kleidung abgeklopft. Dabei fällt den Beamten auch die Karte an meine Eltern in die Hände, die ich nach dem Waffenkauf vergessen hatte abzusenden.

Der Kommissar dreht die Karte in seinen Händen, läßt sich Zeit mit seiner ersten Frage, tritt plötzlich dicht vor mich:

«Warum haben Sie auf den Botschaftssekretär geschossen?»

«Um die von den Deutschen angezettelten Verbrechen an uns Juden zu rächen!»

Ich schnurre meine Antwort herunter, wie betäubt, ohne Betonung oder besonderes Gefühl.

«Warum glaubten Sie, zu dieser Rache ermächtigt zu sein?»

«Weil ich etwas für meine nach Polen verschleppte Familie tun wollte – und weil ich die Welt aufrütteln wollte!»

«Und was meinen Sie, wird jetzt geschehen?»

Ich habe die Frage erst nicht verstanden. Er wiederholt:

«Glauben Sie, Ihre Tat wird irgend jemandem nutzen?»

Es fällt mir schwer, darauf zu antworten. «Ich weiß es nicht», sage ich schließlich leise.

Danach muß ich mich erneut den Fotografen stellen. Mir werden die Handschellen abgenommen, und ich werde in eine Ecke des Kommissariats geschoben. Ein Blitzlichtgewitter geht los. Schließlich werden mir die Handschellen wieder angelegt, und ein Beamter führt mich zu einem auf der Straße wartenden Gefängniswagen, der mich zum Untersuchungsgefängnis bringt.

Auf meine Fragen, wie es dem Attaché ginge, erhalte ich keine Auskunft. Am folgenden Tag werde ich erneut vernommen, wieder und wieder. Am Nachmittag wird mir die Anklage von

Abb. 13: Später am gleichen Tag – Herschel wird aus dem Kommissariat in der Rue Solférino 2 zum wartenden Gefängniswagen abgeführt.

Abb. 14: Ernst Eduard vom Rath (vordere Reihe Mitte), geboren am 3. Juni
1909 in Frankfurt; Jurastudium in Bonn, München und Königsberg; ab 1932
Mitglied der NSDAP; ab 1934 Gesandtschaftsattaché im Auswärtigen Amt; ab
Juli 1938 Legationsrat an der deutschen Botschaft in Paris. Er erliegt den Verletzungen des Attentats am 9. November 1938.

Untersuchungsrichter Tesnière vorgelesen: Mordversuch. Also lebt der Attaché.

Mir ist inzwischen klar, daß das Attentat allein schon voll die Presse mobilisiert hat. Ich hoffe für ihn und mich, daß der Attaché überleben möge.

Am frühen Abend des 9. November 1938, zwei Tage danach, erscheint nach mehrstündigen Vernehmungen noch einmal der Kommissar in meiner Zelle:

«Heute nachmittag um 16.30 Uhr ist der Botschaftssekretär an den Folgen Ihres Verbrechens verstorben. Sie sind damit als Mörder angeklagt!»

Ich kann nicht sagen, daß ich damals in dieser Situation besonderes Mitleid oder Trauer empfunden hätte. Weder mit ihm noch mit mir. Nach den aufwühlenden Wochen und Tagen vor dem Attentat, nach all den verzweifelten Gefühlen und irren Gedanken war ich jetzt gefühllos, leer, wie ausgebrannt. Ich hatte alles gewagt, was mir vorstellbar war. Nicht einmal an meine Eltern oder an Berta und Markus dachte ich an diesem Abend.

Wenn ich gewußt hätte, was zur gleichen Zeit in Deutschland geschah, ob ich dann versucht hätte, mich noch in dieser Nacht umzubringen? Auch darauf kann ich bis heute keine Antwort geben. Ich wußte es nicht.

Der 9. / 10. November 1938 in Deutschland

Ich wußte es nicht... Herschels Satz am unteren Ende des letzten Blattes ist von ihm zweimal unterstrichen – eine Linie vom Stift so stark eingedrückt, daß das Papier an einer Stelle eingerissen ist.

Nicht-Wissen als Entschuldigung, als Erklärung, als Beschreibung von Ohnmacht? Nach einigen Wochen atemloser ununterbrochener Arbeit an der Niederschrift seiner Aufzeichnungen muß ich plötzlich innehalten:

Was wußte ich denn damals? Vom Leben der Juden in Deutschland? Vom Verhältnis meiner Regierung zu Hitler-Deutschland?

Wenn wir uns schon damals gekannt hätten, wenn ich nicht Julien, sondern Nathan gewesen wäre, was hätte ich ihm raten können, nachdem er die Karte von seiner Schwester am 3. November 1938 erhalten hat?

Ich muß zu meiner Beschämung feststellen, daß ich auch heute – fast ein halbes Jahrhundert später – zwar viele NS-Schlagworte noch nennen kann, aber wenig über die dahinterstehenden Zusammenhänge weiß:

Wieso wird gerade 1938 als «Schicksalsjahr» der deutschen Juden bezeichnet? Inwieweit war die Pogromnacht vorbereitet, und was war daran «spontane Empörung des Volkes»? Welche Ziele verfolgten die Nazis mit ihrer rassistischen Politik vor 1938 – und danach?

Obwohl ich nun viele Jahre meines Lebens als Journalist gearbeitet habe, muß ich zugeben, daß ich darauf keine präzisen Antworten geben kann. Ich beschließe, meinen Schreibtisch für einige Zeit zu verlassen und mich in Archiven nach Originaldokumenten auf die Suche zu machen.

Als ich einige Zeit später nach Paris zurückkehre, ist eine Ver-
mutung zur Gewißheit geworden: Herschels Tat war nicht die
Ursache, ja noch nicht einmal der Anlaß für die nazistischen Ver-
brechen der folgenden Jahre. Er wurde als Vorwand für Taten
benutzt, die längst im Detail geplant waren, die jetzt allerdings
eine besondere propagandistische Flankierung erhielten.

Die Dokumente sprechen für sich. Bereits am Tag des Atten-
tats, dem 7. November 1938, wird die deutsche Presse durch ein
Rundschreiben des «Deutschen Nachrichtenbüros» (DNB) ange-
wiesen, wie folgt zu berichten:

«Alle deutschen Zeitungen müssen in größter Form über
das Attentat auf den Legationssekretär an der deutschen
Botschaft in Paris berichten. Die Nachricht muß die erste
Seite voll beherrschen.

Nachrichten über den ernsten Zustand des Herrn vom
Rath werden durch das DNB ausgegeben werden. Er
schwebt in größter Lebensgefahr.

In eigenen Kommentaren ist darauf hinzuweisen, daß das
Attentat des Juden die schwersten Folgen für die Juden in
Deutschland haben muß, und zwar auch für die ausländi-
schen Juden in Deutschland.

In Ausdrücken, die der Empörung des deutschen Volkes
entsprechen, kann festgestellt werden, daß die jüdische
Emigrantenclique, die schon Frankfurter* den Revolver in
die Hand drückte, auch verantwortlich für dieses Verbrechen sei.»

(Mitschrift der Pressekonferenz des Reichsministeriums
für Volksaufklärung und Propaganda vom 7.11.1938; Bundesarchiv Koblenz ZSg. 102/13).

* *Mit «Frankfurter» ist der jüdische Medizinstudent David Frankfurter ge-*
  meint. Vgl. S. 96

Bereits lange vor dem Attentat Herschels hatte das NS-Regime für das Jahr 1938 vor allem zwei Schwerpunkte in der «Judenpolitik» angegeben und bereits zu verwirklichen begonnen:

1. *Die Juden aus dem öffentlichen Leben, vor allem aus der Wirtschaft, in Deutschland auszuschalten.*
2. *Durch verstärkte Diskriminierung mehr Juden zur Auswanderung aus Deutschland zu zwingen.*

Zu Beginn der NS-Diktatur 1933 lebten in Deutschland etwa 500000 Juden. Dies entsprach knapp 1 Prozent der gesamten Bevölkerung. Bis Ende 1937 waren bereits mehr als 130000 jüdische Menschen ausgewandert. Doch das war dem NS-Regime längst nicht genug. So war das Jahr 1938 bereits durch folgende Maßnahmen, die zumeist in Gesetze und Erlasse gekleidet wurden, geprägt:

— *Entrechtung jüdischer Gemeinden: Ab 1. Januar 1938 verloren jüdische Gemeinden den Schutz einer «Körperschaft öffentlichen Rechts» und wurden zu «eingetragenen Vereinen» degradiert.*

— *Registrierung jüdischen Vermögens: Ab 26. April 1938 mußte jeder Jude, der mehr als 5000 Reichsmark (RM) besaß, dies anmelden und in genauer Höhe registrieren lassen.*

— *Berufsverbot für Ärzte und Anwälte: Ab 25. Juli 1938 wurde zunächst jüdischen Ärzten verboten, weiter zu praktizieren, ab 27. September 1938 traf dieses Verbot auch die Anwälte.*

— *Einführung von Zwangs-Vornamen: Ab 17. August 1938 wurde angeordnet, daß jüdische Kinder nur noch ganz bestimmte Vornamen erhalten dürften, um sie sofort überall als Juden zu erkennen. Alle Erwachsenen, die keinen deutlich jüdischen Vornamen hatten, mußten ihrem eigenen Namen im Ausweis die Vornamen «Sara» für Frauen und «Israel» für Männer hinzufügen lassen.*

— *Im Juni 1938 wurden etwa 1500 ehemals vorbestrafte Juden*

verhaftet und in Konzentrationslager gebracht, auch wenn sie
ihre Strafe längst abgebüßt hatten. Ihnen wurde nun vorge-
worfen, daß sie als «Asoziale» nicht längst Deutschland verlassen hatten.
– Abschiebung von 15 000 bis 17 000 polnischen Juden im Rah-
men der sogenannten Polen-Aktion im Oktober 1938.

Als der Legationssekretär Ernst vom Rath am Nachmittag des
9. November 1938 stirbt, befindet sich Adolf Hitler auf dem Weg
nach München. Dort wird alljährlich mit allen wichtigen Partei-
führern und NS-Gauleitern eine Gedenkfeier zur Erinnerung an
den mißglückten Putsch vom 9. November 1923 durchgeführt,
den Hitler damals mit seinen «alten Kampfgenossen» versucht
hatte.
  Erst kurz vor dem traditionellen Abendessen erreicht Hitler
die Todesnachricht in München. Er verläßt die Veranstaltung
ungewöhnlich früh, nicht ohne mit seinem Propagandaminister
Joseph Goebbels einige Absprachen getroffen zu haben.
  Goebbels hält kurz darauf eine Rede, in der er alle Anwesen-
den über den Tod Ernst vom Raths informiert und «schärfste
Vergeltung» fordert. Unmittelbar nach dem Abendessen telefo-
nieren die Gruppenführer der SA in ihre jeweiligen Heimatberei-
che und geben Anweisung für Aktionen zur «Rache für den
Mord an vom Rath»:

«Sämtliche jüdischen Geschäfte sind sofort von Männern in
SA-Uniform zu zerstören... Bei Widerstand sofort über
den Haufen schießen.» (Nach SCHEFFLER 1964, S. 73).

Der Chef der gesamten Sicherheitspolizei, Reinhard Heydrich,
vereinheitlicht diese Maßnahmen in einem Rundschreiben an
alle Polizeileitstellen im ganzen Reich, das noch in der Nacht
vom 9. auf den 10. November 1938 um 1.20 Uhr durchgegeben

und in dem das Verhalten bei Synagogenbränden im Detail erläu-
tert wird.

Tausende jüdischer Menschen werden gedemütigt und gefol-
tert, Zehntausende verhaftet. Etwa hundert Menschen werden
ermordet. Die Zahlen der Selbstmorde und der Todesfälle in den
KZs sind nicht bekannt. Doch können uns diese Zahlen wirklich
das Ausmaß des Schreckens dieser Nacht nachvollziehbar ma-
chen?

Deshalb hier der Augenzeugenbericht des Rabbiners Dr. Max
Eschelbacher aus Düsseldorf:

«Gegen Mitternacht läutete das Telefon. Eine Stimme, die
vor Entsetzen bebte, schrie: Herr Doktor, sie zertrümmern
das Gemeindehaus und schlagen alles kurz und klein, sie
schlagen die Menschen, wir hören ihre Schreie bis hierher!

Es war Frau Blumenthal, die im Nachbarhause wohnte ...

... fast im gleichen Augenblick läutete es heftig an der
Haustüre. Ich löschte die Lichter und sah hinaus. Der Platz
vor dem Haus war schwarz von SA-Leuten. Im Augenblick
waren sie oben und hatten die Flurtüre eingedrückt ... Sie
drangen in die Wohnung unter dem Chorus:

‹Rache für Paris! Nieder mit den Juden!›

Sie zogen aus Beuteln Holzhämmer heraus, und im nächsten Augenblick krachten die zerschlagenen Möbel und
klirrten die Scheiben der Schränke und der Fenster. Auf mich
drangen die Kerle mit geballten Fäusten ein, einer packte
mich und schrie mich an, ich solle herunterkommen.

... Wie ich die Treppe heruntergekommen bin, weiß ich
selber nicht. Man ist in solchen Momenten glücklicherweise
so benommen, daß man kaum bemerkt, was um einen vor-
geht. Daher rührt die Unerschrockenheit, die man in derarti-
gen Augenblicken zu haben scheint. Wäre man mehr bei
Bewußtsein, dann hätte man auch mehr Angst.

Unten war die Straße voll von SA-Leuten. Es mögen im ganzen, mit denen im Hause, 50 bis 60 Mann gewesen sein. Ich wurde mit dem Ruf empfangen: ‹Jetzt predige mal!›

Ich fing an, vom Tode des Herrn vom Rath zu sprechen, daß seine Ermordung ein Unglück mehr für uns als für das deutsche Volk sei, daß wir keine Schuld an seinem Tode tragen...

Um die Ecke, in der Stromstraße, sah ich die Straße bedeckt mit Büchern, die aus meinem Fenster geworfen waren, mit Papieren, mit Akten, Briefen. Zertrümmert lag auf der Straße meine Schreibmaschine.

Während sich das alles abspielte, waren die SA-Leute bei Wertheimers in der Etage unter uns eingedrungen, hatten dort sehr viel zerstört, Herrn Wertheimer und seine Frau aus dem Bett geholt und heruntergebracht. Ich selber wurde von einem SA-Mann gepackt und in großem Bogen über die Straße an das Haus geschleudert... Dann kam der Kreisleiter und sagte: ‹Ich nehme Sie in Schutzhaft.›...

Was sich in der Nacht abgespielt hatte, war ein Pogrom gewesen. Paul Marcus, der Inhaber des Café Karema, flüchtete, als sein Restaurant vollkommen zerstört war. Er ist in der Nacht erschossen worden und wurde am frühen Morgen vor der Wohnung von Dr. Max Loewenberg, am Martin-Luther-Platz, tot aufgefunden...

Der 68jährige Dr. Sommer..., ein Mann, der in Mischehe lebte und sich nie um Jüdisches bekümmert hatte, ging, als sein Haus geplündert und er selber schwer mißhandelt worden war, mit seiner Frau und ihrem alten, ebenfalls arischen (Haus-)Mädchen in den Garten. Dort haben sich alle drei vergiftet. Die Leichen von Marcus, Herz und Mayer sowie von Frau Willner und Ernst wurden zunächst beschlagnahmt... Keine Untersuchung wegen Mordes ist eingeleitet worden...

Mein erster Weg (nach meiner Freilassung nach zwölf Tagen) führte mich zur Synagoge. Ein hoher Bretterzaun umgab sie, die Scheiben waren geborsten, die Kuppel noch auf dem Dach, aber ausgebrannt, die Sparren ragten zum Himmel empor. In der Pogromnacht war eine Bande dort erschienen, einige sollen Ärzte von den Städtischen Krankenhausanstalten... gewesen sein... Die Thorarollen wurden aus dem Aron Hakkodesch (Thora-Schrein) geholt und im Hof angezündet... Dann wurde alles Holz, insbesondere der Dachstuhl und die Bänke, mit Benzin und Teer bestrichen und angezündet. Bald brannte der Dachstuhl lichterloh. So ist unsere Synagoge verbrannt worden.»

(Manuskript vom Juli 1939; Archiv des Instituts für Zeitgeschichte München MZS 1 / 1; auch in: THALMANN / FEINERMANN 1987, S. 108 ff.; PEHLE 1988, S. 23 ff.)

Am 12. November 1938 findet unter Vorsitz des NS-Ministers Hermann Göring eine auswertende «Besprechung über die Judenfrage» statt, deren Wortlaut in einer stenographischen Niederschrift erhalten ist. Hermann Göring bewertet darin die Ereignisse der Pogromnacht wie folgt:

«Wir haben jetzt diese Sache in Paris gehabt. Darauf folgten wieder Demonstrationen, und jetzt muß etwas geschehen!

Denn, meine Herren, diese Demonstrationen habe ich satt. Sie schädigen nicht den Juden, sondern schließlich mich, der ich die Wirtschaft als letzte Instanz zusammenzufassen habe... Wenn in Zukunft schon Demonstrationen, die unter Umständen notwendig sein mögen, dann bitte ich nun endgültig sie so zu lenken, daß man sich nicht in das eigene Fleisch schneidet...

Mir wäre es lieber gewesen, ihr hättet zweihundert Juden erschlagen und hättet nicht solche Werte vernichtet...

Abb. 15: Zerstörte jüdische Geschäfte am Morgen des 10. November 1938 in Berlin.

Ich werde den Wortlaut wählen, daß die deutschen Juden in ihrer Gesamtheit als Strafe für die ruchlosen Verbrechen usw. usw. eine Kontribution von 1 Milliarde auferlegt bekommen. Das wird hinhauen. Die Schweine werden einen zweiten Mord so schnell nicht machen. Im übrigen muß ich noch einmal feststellen: ich möchte kein Jude in Deutschland sein.»

(Nach FREIMARK / KOPITZSCH 1978, S. 47-61).

Unmittelbar nach dieser «Besprechung» wird die Enteignung der letzten jüdischen Geschäfte, Warenhäuser und Banken durchgeführt.

Bald darauf dürfen jüdische Menschen keine Kinos oder Theater mehr besuchen, keine öffentlichen Verkehrsmittel benutzen oder sich in Schwimmbädern aufhalten. Am 15. November 1938 wird allen jüdischen Schulkindern ab sofort der Besuch von deutschen Schulen untersagt.

Die abschließende Regelung des NS-Propagandaministeriums zur Berichterstattung in deutschen Zeitungen über die «Kristallnacht» vom 10. November 1938 lautet:

«Im Anschluß an die heute morgen ausgegebene DNB-Meldung können eigene Berichte gebracht werden. Hier und dort seien Fensterscheiben zertrümmert worden, Synagogen hätten sich selbst entzündet oder seien sonstwie in Flammen aufgegangen. Die Berichte sollen nicht allzu groß aufgemacht werden, keine Schlagzeile auf der ersten Seite. Vorläufig keine Bilder bringen. Sammelmeldungen aus dem Reich sollen nicht zusammengestellt werden... Dies alles nur auf der zweiten oder dritten Seite. Wenn Kommentare für nötig befunden würden, dann sollen sie kurz sein und etwa sagen, daß eine beträchtliche begreifliche Empörung

Abb. 16: Die zerstörte Synagoge am Bornplatz in Hamburg. Das Foto stammt vom Mai/Juni 1939 und wurde im «Hamburger Tageblatt» mit folgender Unterschrift veröffentlicht:
«Die Synagoge am Bornplatz wird – wie bereits angekündigt – in diesen Tagen abgerissen. Wo heute noch ein paar traurige Trümmerreste stehen, wird bald ein freundlicher Grünplatz allen Volksgenossen Freude machen.»

der Bevölkerung eine spontane Antwort auf die Ermordung des Gesandtschaftsrates gegeben habe.»

(Mitschrift der Pressekonferenz des Reichsministeriums für Volksaufklärung und Propaganda vom 10. 11. 1938; Bundesarchiv Koblenz ZSg. 102 / 13).

Abb. 17: Verschleppung von Berliner Juden in Konzentrationslager nach der Pogromnacht 1938 in aller Öffentlichkeit.

Im Jugendgefängnis Frèsnes bei Paris

Die ersten Tage in Frèsnes verschwimmen in meiner Erinnerung zu endlosen Verhören: grelles Licht, Zigarettenqualm, Männer, die sich still absprechen, mir wenige Sekunden Ruhe geben, dann, aus dem Halbdunkel wieder heraustretend und mich in französisch anfahren: Wann? Wann genau? Warum? Und immer wieder: Wer hat dir das gesagt? Wer wollte, daß du die Tat begehst? Licht aus. Licht wieder an, direkt in die Augen: Ich will wissen WER!!

Es wird etwa knapp eine Woche vergangen sein, als die Verhöre plötzlich abrupt abgebrochen werden. Aus dem Vernehmungszimmer werde ich lange Gänge und Treppen entlanggeführt bis zu einer Einzelzelle im Untersuchungstrakt. Ein kleines vergittertes Fenster läßt mich einen dunklen, regenschweren Himmel erkennen – wie gut das Tageslicht tut! Mit meiner Decke unter dem Arm höre ich, wie sich die Schritte des Beamten entfernen. Ich bin eingeschlossen. Ohne die neue Umgebung weiter wahrzunehmen, ohne das Bett von der Wand herunterzuklappen, breite ich die Decke auf den Boden, lasse mich darauf sinken und falle in tiefen Schlaf...

Klappernde Geräusche an der Zellentür lassen mich nach Stunden in die Wirklichkeit zurückkehren. Es muß einige Zeit vergangen sein, denn ich fühle mich gestärkt, körperlich gewärmt und endlich wieder klar im Kopf. Ein Becher warmer Milchkaffee und zwei Stück Zwieback werden durch eine Luke hereingeschoben, eine Männerstimme brummt ein «Guten Morgen!» hinterher.

Wenig später erneut Rütteln an der Tür. Ein älterer Beamter steht mit einem Beutel und zwei Handtüchern in der Tür:

«Ab zum Duschen, Junge – mach dich mal schön. Nachher ist Fototermin!»

Während wir über die Flure gehen, sehe ich, daß mehrere Zel-

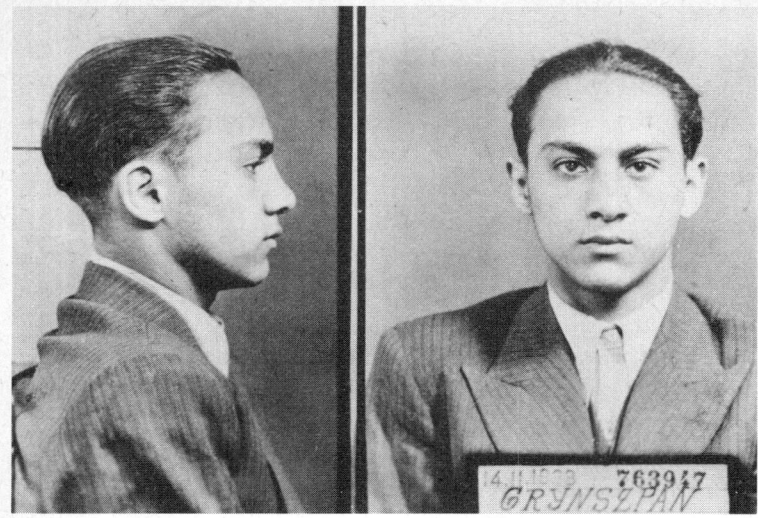

Abb. 18: Herschel Grynszpan am 14. November 1938.

len geöffnet sind. Einige sind leer, aber offensichtlich nicht unbewohnt, denn an den Wänden hängen persönliche Fotos. In anderen sitzen Jungen in meinem Alter und schreiben etwas oder schauen auf den Flur, um Kontakt zueinander aufzunehmen. Es scheint keine Anstalt von der harten Sorte zu sein.

Es ist angenehm, warmes Wasser über die Haut laufen zu lassen und endlich aus den verdreckten Sachen raus zu sein. Ich darf mich gründlich waschen, ohne gehetzt zu werden. Nach dem Abtrocknen erhalte ich sauberes Unterzeug, eine Hose und ein helles Hemd mit Kragen. Auch bei den Mitgefangenen war mir schon aufgefallen, daß hier niemand Sträflingskleidung trägt.

Nach dem Rasieren und Haarekämmen erhalte ich sogar mein eigenes Jackett zurück – für das Foto – wie der Wächter erklärt.

Das Schild, das vor den Drehstuhl für das Polizeifoto geklappt wird, trägt meine Häftlingsnummer 763947. Heute ist der 14. November 1938. Eine Woche ist erst vergangen. Mir kommt sie vor wie ein Jahr.

Später am Vormittag erhalte ich Besuch von drei Ärzten, die beauftragt sind, ein psychiatrisches Gutachten über mich anzufertigen. Sie fragen mich, ob ich Lust hätte, ein Tagebuch zu schreiben über mein bisheriges Leben. Das würden in Frèsnes mehrere Jugendliche machen. Es sei nämlich hier eine Art Reformgefängnis, wo es nicht zuerst um Strafe und Rache ginge, sondern darum, daß jeder auch etwas lernen solle aus dem, was er getan habe.

Ich erkundige mich zunächst danach, ob sie wüßten, wie es meinen Eltern ginge und welchen Anwalt ich zur Verteidigung erhalten würde.

«Deine Eltern sind weiter in Polen, aber die Situation in Zbanszyn ist bereits erheblich besser als noch Ende Oktober!»

«Und kann ich ihnen über den Anwalt eine Nachricht zukommen lassen?»

«Wir wissen noch nicht, welcher Anwalt endgültig für dich zuständig sein wird. Bei den Verhören war nur ab und zu ein Pflicht-Anwalt dabei…»

Mir war keiner aufgefallen, der in irgendeiner Weise meine Rechte wahrgenommen hätte.

«Hat eure Familie einen bestimmten Anwalt? Oder kennst du einen?»

Wir hatten nie Geld für einen Anwalt besessen. Der einzige Verteidiger, dessen Namen ich aus der Zeitung kenne, ist Vincent de Moro-Giafferi, der mit großem Erfolg für David Frankfurter bei dessen Prozeß in der Schweiz gekämpft hatte. Er ist selbst kein Jude. Als ehemaliger radikal-sozialistischer französischer Abgeordneter war er 1933 zum erstenmal öffentlich auf-

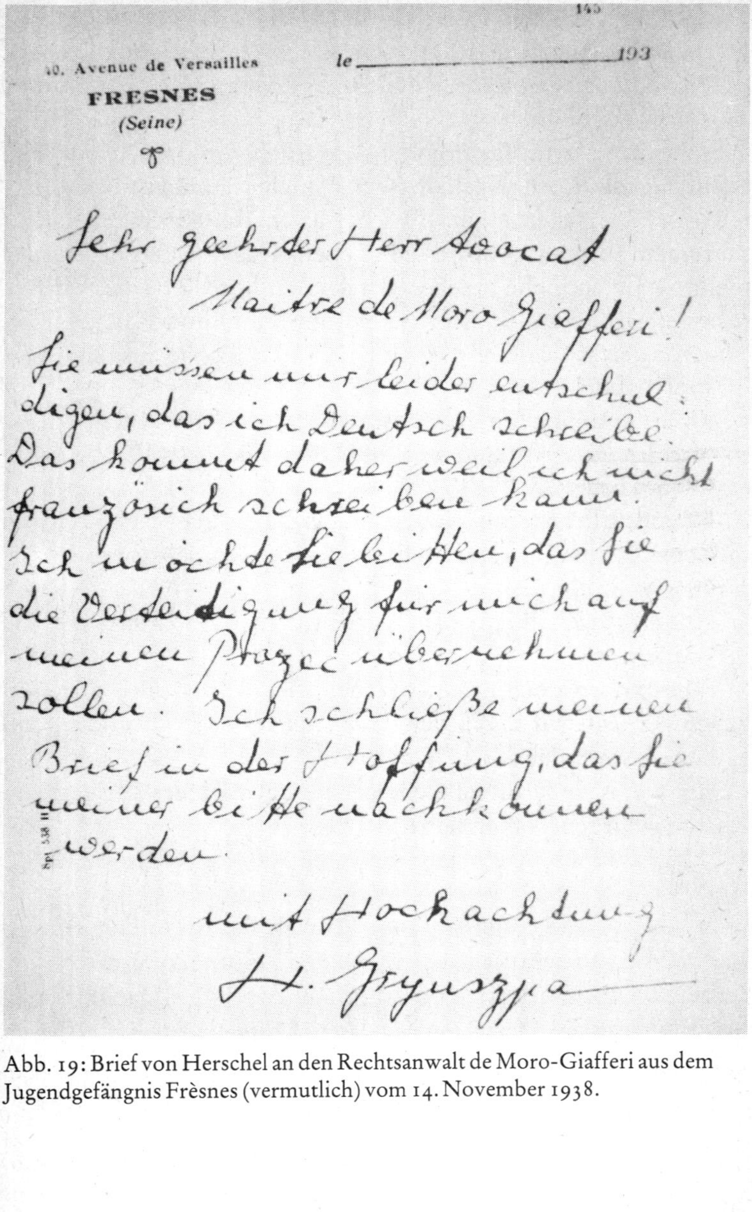

40. Avenue de Versailles   le _____ 193_

FRESNES

(Seine)

Sehr geehrter Herr Avocat

Maitre de Moro Giaffei!

Sie müssen mir leider entschuldigen, das ich Deutsch schreibe.
Das kommt daher weil ich nicht
französich schreiben kann.
Ich möchte Sie bitten, das Sie
die Verteidigung für mich auf
meinen Prozeß übernehmen
sollen. Ich schließe meinen
Brief in der Hoffnung, das Sie
meiner bitte nachkommen
werden.

mit Hochachtung

H. Grynszpan

Abb. 19: Brief von Herschel an den Rechtsanwalt de Moro-Giafferi aus dem Jugendgefängnis Frèsnes (vermutlich) vom 14. November 1938.

getreten, als er die Nazis nach dem Reichstagsbrand der eigenen Brandstiftung bezichtigt hatte. Sie hatten seiner Meinung nach Feuer gelegt, um einen Vorwand für die Verhaftung politischer Gegner zu schaffen. Aber ob dieser prominente Mann bereit wäre, meine Verteidigung zu übernehmen?

«Du solltest ihm schreiben!» schlägt einer der Ärzte vor. «Wir werden den Brief an ihn weiterleiten, wenn du es wünschst!»

Ich bin sprachlos. Solche Freundlichkeit bin ich nicht gewöhnt von Vertretern der staatlichen Ordnung. Oder wollen sie mich nur täuschen, mein Vertrauen gewinnen, um mich hinterher besser aushorchen zu können?

Sie sollen umgehend auf die Probe gestellt werden: «Bitte besorgen Sie mir noch heute Papier und Schreibzeug! Ich werde Maître de Moro-Giafferi schreiben.»

Das Unglaubliche geschieht: Bereits nach wenigen Tagen erhalte ich die Nachricht, daß Maître de Moro-Giafferi sich einverstanden erklärt hat, meinen Fall zu bearbeiten, sich schon erste Akten hat zusenden lassen und mich in den kommenden Tagen zu sprechen wünscht. Die Ärzte haben Wort gehalten!*

Mit Spannung sehe ich der Begegnung mit dem berühmten Anwalt entgegen. Nicht nur um den Ärzten meine Dankbarkeit

---

* *Die französischen Ärzte Dr. Genil-Perrin, Dr. Ceillier und Dr. Heuyer verfassen darüber hinaus ein deutlich um Objektivität und Sachlichkeit bemühtes 98seitiges Gutachten, das sie dem Untersuchungsrichter im Februar 1939 vorlegen. Darin heißt es im Ergebnis, daß Herschel Grynszpan als «voll verantwortlich» für seine Tat anzusehen ist:*

«Grynszpan ist ein normal intelligenter Junge, der sogar einen gewissen Scharfsinn aufweist und nicht besonders beeinflußbar ist...» Über seine physische Erscheinung heißt es: «Trotz erreichter Pubertät beträgt die Körpergröße nur 1,54 und das Gewicht 45,20 Kilo.» (Das Gutachten befindet sich im Original im Deutschen Zentralarchiv in Potsdam / DDR, Nr. 989, Bl. 23 ff., hier zitiert nach THALMANN 1987, S 64 und KAUL 1965, S. 18).

zu zeigen, sondern auch um mich gewissenhaft vorzubereiten, schreibe ich täglich mehrere Stunden in mein Tagebuch. Am 12. Dezember 1938 trage ich darin ein:

«Es ist ein Unglück, daß der Mann starb, auf den ich schoß. Ich wollte ihn nicht töten, sondern nur verwunden. Und dies wollte ich nur, um zu protestieren. Möge Gott mir verzeihen für die Ermordung eines Mannes, der möglicherweise unschuldig war.

Ich tröste mich nur damit: Im Kriege ist es immer der unschuldige Soldat, der sein Leben lassen muß, aber niemals der Diplomat oder Politiker, der eigentlich für den Krieg verantwortlich ist.

Ich hoffe, daß die Weltöffentlichkeit und die französische Justiz mich nicht wie einen ordinären Verbrecher betrachten wird, sondern wie jemanden, der für seine Rechte und für die seiner unschuldigen Brüder demonstrieren wollte.»[*]

Endlich ist es soweit: Eines Morgens unmittelbar nach dem Frühstück werde ich in den Besucherraum geführt. Der Wächter raunt mir schon auf dem Weg zu: «Er ist es!»

Im ersten Moment bin ich ein wenig enttäuscht, als ich den berühmten Verteidiger leibhaftig vor mir sehe. Vor mir sitzt ein kleiner rundlicher Herr mit Schnurrbart und Melone in der Hand, der sich leicht schnaufend erhebt, als ich ihm die Hand entgegenstrecke.

«So, so», brummt er, hält meine Hand einen Moment und schaut mir scharf in die Augen. «Keine einfache Sache, das wissen Sie?»

Er spricht mich an wie einen Erwachsenen. So wird er mich auch in den folgenden Monaten behandeln. «Es geht schließlich um Ihren Kopf, das ist kein Kinderspiel!»

[*] *Aus einem Schreiben von Herschel vom 12. 12. 1938; nach CUENOT 1982, S. 115.*

Allmählich gewinne ich den Eindruck, daß seine biedere, fast gemütliche äußere Erscheinung eine Maske ist. Dahinter verbirgt sich ein scharfsinnig argumentierender und engagiert kämpfender Mensch. Auf meine Frage, warum er meinen Fall übernommen hätte, antwortet er mit einer Gegenfrage:

«Wann haben Sie das letzte Mal eine Tageszeitung gelesen?»

Als ich angebe, daß dies vor meiner Tat gewesen sei, schüttelt er den Kopf: «Verkehrt, junger Mann, Sie müssen gut informiert sein. Ab heute erhalten Sie mindestens drei verschiedene Tageszeitungen – täglich! Und die lesen Sie auch! Das ist ein Teil Ihrer Arbeit!»

Dann zeigt er mir einen größeren Ordner mit gesammelten Zeitungsausschnitten aus Frankreich, Deutschland, England und den USA, soweit ich erkennen kann.

«Über Sie redet die Welt, Monsieur Grynszpan! Aber bilden Sie sich nichts darauf ein. In England und den USA herrscht große Sympathie für Sie – die amerikanische Journalistin Dorothy Thompson hat in den letzten Wochen auf Grund eines Aufrufes in der NEW YORK HERALD TRIBUNE allein 3000 Solidaritätstelegramme erhalten, bergeweise Briefe und einige 1000 Dollar Unterstützung für Ihre Prozeßkosten. Aber in Frankreich und Deutschland, wo es für Sie jetzt drauf ankommt, da sieht es anders aus!»

Ich sauge jedes seiner Worte auf. Was habe ich hier in Frèsnes nur alles verschlafen in den letzten Wochen. Doch ich muß einen nüchternen Kopf behalten: «Wie schätzen Sie meine Situation ein, Maître?»

«Langsam, langsam, junger Mann! Haben Sie von der Pogromnacht in Deutschland gehört, die als Reaktion auf Ihre Tat von den Nazis ausgelöst wurde?»

Die Kriminalbeamten hatten bei den Vernehmungen nichts davon erzählt. Einmal hat ein Mitgefangener von neuen Repressalien gegen Juden in Deutschland erzählt. Aber Näheres war nicht zu erfahren gewesen.

«Dann lesen Sie zunächst diese Zeitungsausschnitte. Lesen Sie das alles, und morgen früh werde ich mit Ihnen weiterreden!»

Ohne einen Gruß nickt er dem Wächter an der Tür zu, damit dieser ihm aufschließt. Den Rest des Tages sitze ich in meiner Zelle und lese voller Entsetzen, was sich in der Nacht vom 9. auf den 10. November 1938 in Deutschland abgespielt hat. Eine Überschrift bleibt wie in brennenden Buchstaben vor meinen Augen haften:

«RACHE FÜR DIE TAT DES JUDENLÜMMELS!»

In dieser Nacht zerreiße ich die meisten Seiten des Tagebuches, die ich bis dahin beschrieben habe. Sie erscheinen mir banal und selbstgefällig angesichts des Elends, das die Nazis und so viele andere Deutsche über meine Glaubensgenossen, über unschuldige Männer, Frauen und Kinder gebracht haben. Mein Gott – bleibt uns denn nur das ewige Erdulden oder Weglaufen?

Am nächsten Morgen ist der Anwalt genauso ernst und konzentriert wie am Vortag. Er sieht, daß ich kaum ein Auge zugetan habe, aber er kommentiert es nicht.

«Es gibt eine Schlüsselfrage – die kennen Sie?»

Ich ahne, worauf er hinauswill.

«Ich werde Sie dies nur ein einziges Mal fragen. Ich habe zwar bereits einen eigenen Eindruck gewonnen, aber es ist bedeutsam, daß Sie wissen, daß, wenn Sie mir in dieser Frage die Unwahrheit sagen sollten und ich es erfahre, ich im gleichen Moment die Verteidigung niederlegen würde. Davon würde mich kein Geld der Welt zurückhalten. Ist Ihnen das klar, Monsieur Grynszpan?»

Ich nicke: «Ich habe die Tat allein geplant und durchgeführt. Es gab keine Hintermänner, Maître!»

«Ich weiß das», entgegnet er leise, mehr zu sich als zu mir. Dann richtet er sich wieder auf: «Ich wußte das, junger Mann, aber Sie dürfen es nicht vergessen. Egal was passiert oder was man Ihnen dafür bietet!»

Erst jetzt teilt er mir seine Einschätzung meines Falles mit:

«Das Urteil, das über Sie gesprochen werden wird, ist mehr vom jeweiligen politischen Umfeld abhängig als von Justitia. Das wissen übrigens alle Beteiligten. Die deutsche Regierung hat vom Vater des Opfers einen ‹Sonderbeauftragten› benennen lassen, der mit unzulässigen Vollmachten seit Wochen hier in Paris ermitteln darf. Sein Name ist Grimm. Wir kennen und hassen uns. Er bemüht sich zur Zeit, die in Frankreich vorherrschende Ausländerfeindlichkeit für Ihren Fall zu nutzen und möglichst schnell den Prozeß abzuwickeln. Er setzt auf Todesurteil, wobei ihm das sogar noch zweitrangig sein mag, wenn es ihm nur gelingt, den Ausländerhaß anzustacheln und die Weltöffentlichkeit davon zu überzeugen, daß hinter Ihrer Tat das sogenannte Weltjudentum gestanden hat.»

Der Name des Juraprofessors Friedrich Grimm* sagt mir allerdings einiges. Er war bereits Vertreter der Witwe des von David Frankfurter ermordeten NS-Führers gewesen, wie ich in dem Zeitungsausschnitt gelesen hatte, den mir seinerzeit Nathan zugesteckt hatte.

«Und wie schnell wird es zu einem Prozeß kommen, Maître?» frage ich nach.

«Erst müssen die Voruntersuchungen abgeschlossen und vom

---

* Friedrich Grimm (1888-1959), Dr. jur., Rechtsanwalt, ab 1927 Juraprofessor, NSDAP-Mitglied, 1933-45 Mitglied des Reichstags, Verfasser mehrerer antijüdischer Hetzschriften (z. B. «Politischer Mord und Heldenverehrung», Berlin 1938), mitverantwortlich für die Verbreitung ausländerfeindlicher und antisemitischer Blätter in Frankreich in hoher Auflage unmittelbar nach dem Pariser Attentat. Ab 1949 wieder als Rechtsanwalt in der Bundesrepublik tätig.

Untersuchungsrichter an den Staatsanwalt geleitet werden. Das wird in Ihrem Fall sicher bis zum Frühjahr dauern – dann kann es jedoch sehr schnell gehen!»

Kurz darauf läßt eine Nachricht aus Polen meine eigenen Sorgen und mein Leben im Gefängnis ganz klein und bedeutungslos werden: Vater schreibt mir, daß sie jetzt ein festes Quartier in Polen hätten beziehen können und daß sie alle wieder zu essen hätten. Auch seien er, Mutter, Berta und Markus zusammengeblieben, und sie alle seien nun in großer Sorge um mich. Ich hätte etwas Schreckliches getan, aber ich dürfte nie vergessen, daß er mein Vater bliebe.

Tatenju, Väterchen, welche Sehnsucht nach euch durchströmt mein Herz, als ich deinen Brief in Händen halte, mit den Augen jede Windung deiner ungelenken Schriftzüge nachfahre, vom Blatt Papier einen vertrauten Geruch zu atmen versuche. Berta, geliebte Schwester – wie mag es dir gehen ohne deinen David? Warum erhalte ich keine Zeilen von dir?

Drei Tage lang nehme ich keine Speise zu mir. Es ist kein Hungerstreik, wie ein blödsinniger Mitgefangener irgendeinem Journalisten draußen erzählt. Es ist nur mein Herz, das sich zusammenzieht, sich vor Sehnsucht verzehrt. .

Obwohl es in Frèsnes viele Gruppenangebote für die jugendlichen Gefangenen gibt, ziehe ich mich auf meine frühere Einzelgängerrolle zurück. Ich mag es nicht, von fremden Mitgefangenen mit meinem Namen angeredet zu werden, überall bekannt zu sein. Was würde ich darum geben, einmal mit Nathan reden zu können, ihn einmal in den Arm zu nehmen und in seiner Nähe still sein zu können.

Selbst über eine Nachricht von Onkel Abraham oder Tante Chawa hätte ich mich gefreut. Ich weiß nur vom Maître, daß sie selbst zu einigen Monaten Gefängnis verurteilt worden sind, weil sie mich – den illegalen Ausländer – beherbergt hatten. Aber immerhin ist während der Vernehmungen kein böses Wort über mich von ihnen gesagt worden. Der Maître sagt sogar, der Onkel hätte öfter von «unserem Kind» gesprochen…

Im März 1939 schließlich scheint sich doch einiges Positive für mich zu tun. Deutsche Truppen marschieren in die Tschechoslowakei ein, eine riesige Verhaftungswelle rollt über das Land. Zum erstenmal wird das Verhalten des NS-Regimes in der französischen Öffentlichkeit in ernst zu nehmenden Maße kritisiert.

Maître de Moro-Giafferi ist bester Stimmung: «Monsieur Grynszpan – jetzt oder nie! Die Voruntersuchungen sind abgeschlossen, wir müssen jetzt unsererseits auf Prozeßöffnung drängen!»

Doch nichts geschieht. Der Sonderbeauftragte Grimm und seine französischen Kollegen wissen immer wieder über den Weg neuer Einsprüche und Formalitäten den Prozeß zu verzögern – und die französische Justizbehörde spielt mit!

Der Sommer 1939 quält sich entsetzlich dahin. Ganz Europa scheint eigenartig gelähmt zu sein. Die Zeitungen sind voll von Hetze und Propaganda. Noch immer bewohne ich meine Einzelzelle. Das Angebot, in eine Gruppenzelle wechseln zu dürfen, kann ich ablehnen. Wenn ich nicht in der Werkstatt arbeite, schreibe ich Tagebuch oder Briefe. Noch nie in meinem Leben habe ich so viele Briefe geschrieben. Immer wieder an meine Familie, an Nathan – aber auch an berühmte Menschen, die ich um Hilfe bitte, wie zum Beispiel den amerikanischen Präsidenten Roosevelt. Doch die Antworten kommen nur sehr vereinzelt, in wochenlangen Abständen. Kann sich überhaupt irgend jemand, der draußen ist, vorstellen, was es heißt, im Knast auf Post zu warten?

Die meisten meiner Mitgefangenen haben inzwischen gewechselt. Es ist ungewöhnlich, daß jemand so lange wie ich im Untersuchungstrakt sitzt.

Zwischen Deutschland und Polen sind seit dem Oktober 1938 die Konflikte ständig angeheizt worden. Es kommt nicht aus ganz heiterem Himmel, als am 1.September 1939 die deutsche Wehrmacht am frühen Morgen in Polen einfällt und damit den 2. Weltkrieg beginnt.

England und Frankreich erklären wegen dieses Überfalls Deutschland den Krieg. Friedrich Grimm und einige seiner Helfer müssen Paris von einem auf den anderen Tag verlassen.

Ich bin mir mit dem Maître darin einig, daß es jetzt ganz sicher zu einem Freispruch käme, wenn wir den Justizminister zur Prozeßeröffnung bewegen könnten. Doch wieder geschieht nichts, wobei es nicht nur der Kriegsausbruch ist, der alle Aufmerksamkeit auf sich zieht. Nie zuvor habe ich den Maître so wütend und unbeherrscht gesehen wie in diesen Tagen:

«Diese elenden Schleimscheißer!» flucht er im Besucherraum, ohne die Stimme zu senken. «Das sind die rechten Führungskräfte bei uns in Frankreich, die es sich trotz offizieller Kriegserklärung noch nicht endgültig mit Nazi-Deutschland verderben wollen. Nach dem Motto: Es ist noch nicht aller Tage Abend – und falls die Deutschen in Europa siegen, dann war eben alles nicht so gemeint. Da paßt so ein Freispruch nicht auf die weiße Weste... Was würde ich drum geben, denen draufspucken zu können!!»

Um Öffentlichkeit herzustellen, richte ich nach Absprache mit dem Maître ein Schreiben an den Justizminister, wonach ich ihm anbiete, als Freiwilliger in der französischen Armee gegen die deutsche Wehrmacht zu kämpfen.

Dieser Brief wird nie beantwortet, die größere französische Tagespresse geht mit keiner Zeile darauf ein. Allmählich gerät mein Fall ohnehin in Vergessenheit.

Nicht so bei der deutschen Regierung und ihrem Handlanger Friedrich Grimm. Der Maître weiß zu berichten, daß Grimm seine Beeinflussungen bis hinein in das französische Justizministerium von der Schweiz aus fortzusetzen sucht. Nicht ohne Erfolg, wie wir merken. Die NS-Machthaber statten ihn dazu eigens mit dem Titel eines «Generalkonsuls der Deutschen Gesandtschaft in Bern» aus.[*]

Das Jahr 1940 bricht an. Mittlerweile halte ich einen traurigen Rekord, wie der Maître eines Morgens zu berichten weiß:

«Monsieur Grynszpan, wenn mein Archiv mich nicht trügt – und ich habe in juristischer Hinsicht eines der besten in Frankreich! –, dann sind Sie der Häftling, der am längsten in der Geschichte der modernen Justiz in diesem Land in Untersuchungshaft gesessen hat, ohne seinen Prozeß zu bekommen!»

«Seien Sie ehrlich, Maître, haben Sie Hoffnung, daß sich bald etwas tut?»

«Ich bin sicher, daß sich bald etwas tut zwischen Deutschland und Frankreich. Nur – auch das wird nichts mit Rechtsprechung zu tun haben. Und was es mit Ihnen zu tun haben wird, müssen wir weiter abwarten…»

Inzwischen kenne und achte ich den Maître genug, daß ich weiß, daß er nicht einfach wartet. Mir ist bewußt, wie sehr ihn mein Fall gepackt hat, wie sehr ihn mit seiner eigenen Existenz und der eines freien Frankreich verbunden sieht.

Mitte März 1940 zeigt er mir ein Schreiben, das er kurz darauf an den französischen Generalstaatsanwalt sendet:

«…Ich will mich mit der Verkennung einer Rechtsregel nicht abfinden, die allen anderen vorausgeht: überall, außer in den

---

[*] *Zahlreiche Dokumente belegen die umfangreichen Tätigkeiten Friedrich Grimms auch nach Kriegsausbruch, um den «Fall Grünspan» für die deutsche Propaganda nutzbar zu machen. Am 6. Oktober 1939 schreibt er an das NS-Propagandaministerium:*
   «In dem Grünspanprozeß besteht die Gefahr, daß die Gegner nunmehr das Verfahren beschleunigen und in einer Atmosphäre, die der deutschen Partei ungünstig ist, schnell ein freisprechendes Urteil zu erzielen versuchen… Ich glaube in der Lage zu sein, von der Schweiz aus meine Tätigkeit in der Sache fortsetzen zu können.» (nach KAUL 1965, S. 107).

Ländern, die durch die Diktatur verdorben sind, muß ein Angeklagter abgeurteilt werden, sobald die Voruntersuchung ihr Werk beendet hat... indem ich das Gesuch Grynszpans zu meinem eigenen mache, verlange ich Anberaumung einer Hauptverhandlung... Kann er abgeurteilt werden, so soll man ihn aburteilen. Ist das unmöglich? So soll man ihn in Freiheit setzen.»[*]

Kurz darauf sehe ich Maître de Moro-Giafferi zum letztenmal in meinem Leben. Er hat telefonisch schon die Nachricht von der Ablehnung dieses Gesuchs erhalten.

«Tja, Monsieur», sagt er ernst, «damit haben wir wohl alle Karten ausgespielt. Ich will es Ihnen nicht verheimlichen: Die Situation in Europa spitzt sich zu. Selbst ich habe begonnen, sorgfältig zusammenzupacken, was ich unbedingt mitnehmen muß, falls ich Paris von heute auf morgen verlassen muß. Leben Sie wohl, junger Mann! Und wenn es erlaubt ist: Ich habe mich fast ein wenig an Sie gewöhnt... Sie verstehen meine Worte?»

Nie war eine besondere Herzlichkeit zwischen diesem eigenartigen, wortgewaltigen und klugen Mann und mir – immer wahrte seine professionelle Korrektheit Distanz. Und doch: Kein Ton kommt mir in dieser Situation über die Lippen. In meiner Einsamkeit ist er der einzige gewesen, der klar auf meiner Seite gestanden hat. Ich nicke nur stumm. Der Wächter donnert die Tür zu wie gewöhnlich...

Am 10. Mai 1940 beginnt die deutsche Wehrmacht den «West-Feldzug». Unter meinen Mitgefangenen, vor allem den

---

[*] *Eine Durchschrift dieses Schreibens ist der Geheimen Feldpolizei der Deutschen nach der Besetzung von Paris im Sommer 1940 in die Hände gefallen, nach 1945 wiedergefunden worden und so im Archiv erhalten (nach KAUL 1965, S. 105).*

politischen, herrscht große Aufregung. Was wird sein, wenn die Deutschen tatsächlich bis Paris kommen?

Holland und Belgien müssen noch im selben Monat kapitulieren.

Anfang Juni wird uns mitgeteilt, daß der französische Innenminister die Evakuierung der Pariser Gefängnisse nach Süden angeordnet habe. Da für uns keine Züge mehr zur Verfügung stehen, wird in Frèsnes alles für einen längeren Fußmarsch vorbereitet.

Mir macht die bevorstehende Veränderung große Angst. Seit langem habe ich nachts wieder schreckliche Träume, am Tage lähmen mich depressive Anfälle. Die Nazis sind dabei, die Welt zu erobern. Immer wieder weglaufen ist das, was ich am wenigsten will – und vielleicht auch kann. Aber mir wird keine Wahl gelassen.

Wir sind – in einem Trupp von sechsundneunzig Gefangenen, begleitet von etwa zwanzig Aufpassern – gerade einen Tag unterwegs, als der Pariser Staatsanwalt am 8. Juni 1940 Anklage wegen Mordes gegen mich erhebt und damit die Prozeßeröffnung ermöglicht. Ein Hohn!

Am 14. Juni 1940 ziehen die deutschen Truppen in Paris ein.

Flucht nach Süden

Gestern hat unser Haufen Orléans verlassen, wieder zu Fuß, aber inzwischen nicht mehr in Großgruppen aneinander gefesselt, sondern immer nur zu zweit, wenige auch zu viert.

Unser Ziel ist das Gefängnis von Bourges, einer Stadt, die etwa genau in der Mitte von Frankreich liegt. Von Orléans bis Bourges liegen noch etwa hundert Kilometer Marschweg vor uns. In zwei, spätestens drei Tagen wollen wir dort sein.

Geschlafen wird nachts am Straßenrand. Das ist nicht weiter ungewöhnlich um diese Zeit, da mit uns zahlreiche andere Flüchtlinge auf den Straßen gen Süden vor den deutschen Soldaten zu entkommen versuchen. Unser eigenartiger Zug weckt nicht einmal besondere Neugier. Jeder ist zu sehr mit sich, seiner Familie, und dem wenigen Hab und Gut, das mitgenommen werden konnte, beschäftigt.

Wir Gefangenen tragen jeder einen Beutel mit Brot und eine Wasserflasche, die wir mehrmals an Flüssen auffüllen dürfen. Kleinere Orte werden umgangen, da sich dort erfahrungsgemäß alles staut und unsere Bewacher Komplikationen befürchten.

Bereits seit zwei Tagen scheint die Sonne klar und heiß vom Himmel. Es ist ein herrlicher Frühsommer. Mehr als einmal denke ich an Nathan und Mirjam und unser wunderschönes Zeltlager vor zwei Jahren, etwa genau um die gleiche Jahreszeit. Damals tobten wir gemeinsam im Wasser, aßen uns die Bäuche voll mit selbstgekochten Lieblingsessen, redeten bis spät in die Nacht über Zukunftsträume...

Jetzt wird die Hitze zur Qual. Der Staub der Landstraße brennt in den Augen. Nicht wenige, deren einfaches Schuhwerk sich bereits kurz hinter Paris aufgelöst hat, leiden an wundgelaufenen Füßen. Die Notdurft wird unter den Augen aller am Straßenrand verrichtet.

Und doch treibt uns – Aufpasser wie Gefangene – die Angst vor den Deutschen an. Es gibt kaum ein Murren wegen des schnellen Marschtempos. Bereits einmal haben wir in der Ferne Geschützdonner vernommen. Sie sind uns unüberhörbar auf den Fersen.

Am rechten Handgelenk bin ich an einen kräftigen, dunkelhäutigen Jungen gekettet, dessen Kleider schon in Paris verschlissen waren und der seit Orléans nur mehr eine Hose mit über den Knien ausgefransten Beinen und eine dunkle Anzugweste trägt. Da ich erst vor wenigen Tagen neue Kleidung erhalten habe, besitze ich sogar noch Schuhe. Trotzdem friere ich nachts offensichtlich mehr als er, wobei ich fast froh bin, daß ich durch die Nähe seines Körpers mitgewärmt werde. Allein das Handgelenk schmerzt morgens immer entsetzlich, weil er mehrmals im Schlaf wilde Bewegungen macht und mich dabei mitreißt.

Seinen Namen kenne ich nicht. Aber seine Freundin heißt Martine, stammt wie er aus Algier und hat den schönsten Körper von ganz Nordafrika.

«Ich sage dir, Mann, solche Brüste – ah! Und küssen kann sie...» Wenn er von ihr berichtet, scheint er alles um sich herum zu vergessen – seinen Hunger, die wunden Füße, die Angst vor den Deutschen. Und er kann gut erzählen. Selbst ich fange an, mir die beiden vorzustellen: am Strand des Mittelmeers, abends in einer kleinen Palmenhütte Kokosmilch schlürfend und sich liebend. Es ist schon verrückt, daß einem solche kitschigen Bilder kommen, je grauer die eigene Lage wird.

Warum er nach Frênes gekommen ist, erfahre ich nicht von ihm. Daß er die Nazis auch haßt, merke ich daran, daß er eines Abends zu mir sagt: «Was du gemacht hast, Mann, war korrekt. Du hättest nur gleich die ganze Botschaft in die Luft sprengen sollen!»

Nur einmal gerät er in große Unruhe, ist hart am Rande einer Panik. Das ist, als wir den Geschützdonner hören und er plötzlich wie wild zu laufen anfängt, mich mit seiner Kraft einfach mitzerrt. Erst als wir fast an der Spitze des Zuges sind, schlägt ihm einer der Aufpasser mit dem Gewehr auf den Rücken, so daß wir beide hinstürzen. Einige lachen, andere bleiben teilnahmslos. Der Aufpasser und mein Algerier schauen sich gegenseitig eher erschrocken an. Die Aufpasser haben eine schwierige und undankbare Aufgabe, wobei wir ihnen hoch anrechnen, daß sie uns in keiner Weise besonders quälen. Auch sie haben nicht viel mehr als ihren Brotbeutel und die Wasserflasche. Dafür, daß sie nicht angekettet sind, müssen sie Gewehre tragen. Zwei von ihnen müssen sich noch zusätzlich mit einem Aktenrucksack abwechseln.

Einen Tag nach unserem Aufbruch von Orléans hören wir am späten Nachmittag aus der Ferne plötzlich ein leises Summen.

Ein Familienvater, der auf einem Handwagen zwei kleine Kinder zieht, schreit uns und anderen Flüchtenden auf der Landstraße zu: «Achtung! Achtung, Leute! Die Deutschen kommen mit Flugzeugen! Alle in Deckung!!»

Während er bereits seine Kinder aus dem Holzwagen reißt und mit ihnen auf dem Arm die Böschung hinunterstürzt, verharren wir noch einen Moment in die Himmelsrichtung starrend, aus der die Geräusche zu hören sind und erkennen nun auch die schnell größer werdenden Punkte.

Ein Befehl der Wachleute wird nicht abgewartet. Wie von einem Sturm durcheinandergewirbelt, hetzen und purzeln Wachleute, Gefangene und zivile Flüchtlinge links und rechts die Landstraße hinunter, um in den nahen Büschen und kleineren Waldungen der Umgebung Schutz zu suchen. In nicht mehr als einer halben Minute sind vier deutsche Kampfflugzeuge heran, donnern in höchstens fünfzig Metern Höhe über die Landstraße. Der aufspritzende Boden zeugt von Maschinengewehrsalven, die sie auf uns abgeben. Die Schüsse selbst werden vom Lärm der Motoren überdröhnt.

Erst nachdem sie ein zweites Mal über uns weggeflogen sind, ziehen sie langsam in nördlicher Richtung wieder ab. Doch die Panik zu beiden Seiten der Landstraße ist vollkommen. All die Spannung und Anstrengung der letzten Tage entlädt sich. Frauen schreien wie wild, Kinder heulen, einige Verletzte rufen um Hilfe. Andere wagen sich nicht zurück auf die Landstraße, sondern laufen wie um ihr Leben zu einem größeren Waldstück am östlichen Horizont. Auch unsere Wachleute scheinen endgültig ihren Befehl vergessen zu haben. Zwei laufen mit zu dem Waldstück, einige andere sitzen am Straßenrand und beraten sich.

Jedenfalls ist dies das letzte, was ich noch wahrnehmen kann, bevor sich mein Mitgefangener aus Algier plötzlich wie aus einer Lähmung aufrafft und wild über hundert Meter in südlicher Richtung davonstürmt. Erst bemühe ich mich noch, Schritt zu halten, doch dann schaffe ich es einfach nicht mehr. Schließlich stürze ich über irgendein Holzstück, werde noch über fünf Meter von ihm mitgerissen, bevor er innehält und mich anscheinend erst jetzt wieder wahrnimmt. Er fährt mich an: «Du kleiner Scheißer – wie stellst du dir das vor? Soll ich dich etwa bis zur Küste hinter mir herziehen?»

Durch den Sturz bin ich noch etwas benommen, kann kaum antworten. Zum erstenmal empfinde ich Angst ihm gegenüber. Ohne eine Antwort von mir abzuwarten, schaut er sich gehetzt um, reißt wie ein Tier an den metallenen Handfesseln. Plötzlich ergreift er einen faustgroßen Stein und zwingt mich auf die Knie. Kein Mensch bin ich mehr für ihn, nur ein bedrohliches Hindernis, das es loszuwerden gilt.

Als ich ihm den Stein zu entwinden versuche, schlägt er mir mit der Faust mitten ins Gesicht. Unsere beiden Handgelenke bluten inzwischen. Das hellrote Blut vermischt sich mit dem Dreck auf unserer Haut.

Während ich noch am Boden liege, zerrt er meinen gefesselten Arm über einen flachen Felsblock, der ein wenig aus dem Boden ragt. Dann holt er mit aller Kraft aus und schmettert seinen Stein auf die Eisenkette. Beim zweiten Schlag trifft er seinen eigenen Arm, woraufhin noch mehr Blut aus einer klaffenden Wunde strömt. Kein Laut kommt von seinen Lippen. Mit verzerrtem Gesicht holt er zum dritten Schlag aus.

Endlich springt die fürchterliche Eisenkette auf. Gehetzt schaut er mir in die Augen, einen Moment nur. Dann stößt er mich zu Boden. Die weiche Erde vibriert noch sekundenlang von seinen sich entfernenden schweren Schritten…

Nach einer ganzen Weile spüre ich eine Berührung auf meinem Rücken. Dann die bekannte Stimme eines Wachmannes: «He, Kleiner, was ist mit dir?»

Er schließt das Kettenschloß an meinem Arm auf, läßt die zerbrochene Kette herunterfallen.

«Du mußt nicht mit. Die meisten sind getürmt. Wenn du weißt, wo du hinkannst, hau lieber ab! Ich habe eine Frau und drei Kinder in Bourges. Wenn du mitwillst… wir gehen jetzt weiter!»

Es sind tatsächlich nur noch sechs andere Gefangene da. Das heißt, inzwischen trägt keiner mehr Ketten. Von den Wachleuten sind bis auf zwei alle wieder am Rand der Landstraße aufgetaucht. Warum die anderen Mitgefangenen nicht getürmt sind, weiß ich nicht. Ich selber habe zuviel Angst, den Deutschen in die Hände zu fallen, die uns so dicht auf den Fersen sind. Ich bin völlig fremd hier in der Gegend, mein Französisch ist nicht besonders, und als Großstadtjunge fällt es mir nicht leicht, mich ohne Nahrung lange in der freien Natur durchzuschlagen. Außerdem hoffe ich auf eine ordentliche Freilassung mit Papieren und allem – und wo ich dann hinwill, steht außer Frage.

Als wir am Abend des folgenden Tages im Stadtgefängnis von Bourges müde und ausgehungert eintreffen, wartet eine neue Verwirrung auf mich. Der zuständige Oberaufseher sondert mich sofort von allen anderen ab und sperrt mich in eine Einzelzelle. Er ist ein dicklicher, schrecklich schwitzender Endfünfziger, der mich wie jemanden mit einer ansteckenden Krankheit behandelt. Vor der Zellentür höre ich ihn einen der Wachleute aus Paris anzischen:

«Seid ihr völlig verrückt geworden? Die Nazis machen doch Jagd auf den, seit sie gemerkt haben, daß er ihnen in Paris durch die Lappen gegangen ist. Damit das gleich klar ist: Der muß hier ganz schnell verschwinden. Ihr habt den hier nicht abgeliefert. Niemand hat ihn hier gesehen. Ist eben mit den anderen unterwegs getürmt... Verstanden?»

Erst spät in der Nacht erhalte ich etwas zu essen und frische, zivile Kleidung. Der Oberaufseher persönlich begleitet mich zum Duschen, läßt mich keinen Moment aus den Augen. Mir wird das Ganze zunehmend unheimlich. Aber wenn er mich umbringen wollte, dann würde er mich doch nicht extra noch zum Waschen schicken und mir saubere Kleidung geben?*

Nach dieser nächtlichen Prozedur darf ich einige Stunden in meiner Einzelzelle schlafen. Doch noch vor Anbruch des Morgengrauens werde ich wachgerüttelt und vom Oberaufseher zum Nebentor des Gefängnisses geführt.

«Herschel Grynszpan, ich habe die offizielle Order, Sie hier und heute freizusetzen», beginnt er mit unterdrückter Stimme und in einem französischen Dialekt, dem ich nur schwer folgen

---

* Am Abend des 17. Juni 1940 telefoniert der Oberaufseher des Gefängnisses mit dem zuständigen Staatsanwalt von Bourges, Paul Ribeyre, und fragt um Rat, wie er mit dem prominenten Häftling Grynszpan verfahren solle, da er Unannehmlichkeiten befürchte, falls die Deutschen Herschel Grynszpan in Bourges aufstöbern und seine umgehende Auslieferung fordern. Der prominente und beliebte Staatsanwalt empfiehlt ihm, den Häftling Grynszpan zu dessen eigenem Besten freizusetzen, aber darüber Stillschweigen zu bewahren. Sie ahnen beide nicht, daß ein deutscher «Spezial-Trupp» bereits nach Bourges unterwegs ist. In den frühen Morgenstunden des 19. Juni 1940 erscheinen deutsche Offiziere vor dem Gefängnis und verlangen die sofortige Herausgabe des «Verbrechers Grünspan». Ein französischer Kollaborateur hatte den Deutschen den verräterischen Hinweis gegeben.

Der Oberaufseher leugnet zunächst, daß dieser Häftling je in Bourges gewesen sei, bricht aber bei den weiteren Vernehmungen bald zusammen.

Der Staatsanwalt Ribeyre wird verhaftet und nach Paris in eine Dunkelzelle gebracht. Als es nicht gelingt, die weitere Fährte Herschel Grynszpans zu ermitteln, wird dem Staatsanwalt am 11. Juli 1940 eröffnet, daß er in Kürze mit seiner Hinrichtung zu rechnen habe. Doch dann soll alles anders kommen... (nach CUENOT 1982, S. 123-130).

kann. «Sie erhalten von mir 50 Francs, eine Decke und diese Tasche. Wir haben Sie hier nie gesehen, und ich rate Ihnen, sich nicht zu erinnern, daß Sie einmal hier waren!»

«Wenn es so ist, wie Sie sagen, Monsieur», antworte ich, «dann verlange ich von Ihnen, daß Sie mir ordentliche Entlassungspapiere ausstellen!»

Obwohl es noch morgendlich kühl ist, beginnt er bereits wieder zu schwitzen.

«Kerl», stößt er hervor, «ich kann auch anders. Mach sofort, daß du wegkommst!»

Damit packt er mich ungeduldig an der Schulter, öffnet das Nebentor und schubst mich hinaus.

«In einer halben Stunde ist es hell. Wenn du dann noch hier herumlungerst, lasse ich mir für dich etwas anderes einfallen. Darauf kannst du dich verlassen!»

Obwohl sicher die meisten in meiner Situation aufgeatmet hätten, befällt mich zunächst Angst. Ich habe keine Ahnung, wohin ich mich wenden soll. Meine Nerven sind zerrüttet... wo soll ich hin?

Am ersten Tag meiner «Freilassung» reicht meine Kraft nur dazu, bis zum nahen Stadtrand von Bourges zu laufen und mich dort an einen Waldesrand zum Schlafen zu legen. Es ist mir an diesem Morgen völlig gleich, ob ich den Deutschen in die Hände falle oder nie wieder aufwache.

Ich kann nicht mehr...

Nachher weiß ich nicht einmal, wie lange ich geschlafen habe. Das Wetter ist umgeschlagen. Ein Gewitter ist im Aufzug. Von den ersten schweren Regentropfen werde ich aufgeweckt. Instinktiv suche ich Schutz unter einem Erdhügel in der Nähe. Doch bald tropft auch hier der prasselnde Regen durch. Allmählich komme ich zu mir, beginne meine völlig neue Situation zu begreifen. Als Kind hatte ich immer ungeheure Angst vor Gewittern. Jetzt sehe ich die Blitze am Himmel zucken, der Donner kracht stärker, als die deutschen Flugzeuge vor wenigen Tagen je vermocht hätten.

Eine eigenartige, aufgekratzte Stimmung überfällt mich. Als der Regen allmählich durch das Erddach auf meine neuen Sachen zu tropfen beginnt, kleide ich mich völlig aus und lege alles sorgfältig in der Tasche zusammen. Die Luft ist nach wie vor warm, inzwischen läuft mir der Regen über den ganzen Körper. Zu meinen nackten Füßen bildet sich eine Pfütze. Der Boden weicht schnell auf zu einer dunklen schlammigen Masse. Eine ungewohnte Erregung läßt meinen Körper erzittern. In dieser kleinen feuchten Erdhöhle spüre ich eine ungeheure Lebenskraft, die über jeden Pulsschlag in meine Adern zu strömen scheint. Mit jedem Blitzschlag scheint sich auch mein Körper ein Stück weit von seiner entsetzlichen Anspannung zu entladen. Als das Gewitter abflaut, liege ich auf dem warmen feuchten Boden, erschöpft, aber mit tiefer, lange entbehrter Ruhe in mir.

Erst nach einer ganzen Weile stehe ich auf, laufe, nackt wie ich bin, auf die hohe klatschnasse Wiese und wälze mich mehrmals darin herum, um mich zu säubern. Die letzten Erdstreifen auf der Haut reibe ich mit Grasbüscheln ab.

Es dunkelt bereits, als ich, wieder ordentlich angekleidet, meinen Weg zu der Landstraße finde, die südlich aus Bourges herausführt.

Während einige Flüchtlingsgruppen, vor allem solche mit Kindern, bereits beginnen, am Straßenrand ihr Nachtlager zu richten, folge ich denen, die noch einige Stunden länger laufen. Es dauert auch nicht lange, bis der Mond so hoch und klar am Himmel steht, daß sein fahles Licht eine ausreichende Orientierung ermöglicht.

Keiner Gruppe mag ich mich anschließen. Obwohl dabei auch die Sorge mitspielt, erkannt zu werden, entspringt dieser Entschluß eher dem inneren Bedürfnis nach Alleinsein, nach Unabhängigkeit. Lange nach Mitternacht erst überfällt mich eine angenehme Müdigkeit. In der lauen Sommernacht kann ich ungestört und wohlig bis zum Morgen schlafen.

Von hellen und warmen Sonnenstrahlen geweckt, erkenne ich blinzelnd, daß auf der Landstraße bereits wieder reges Treiben herrscht. An diesem Morgen lasse ich mir Zeit mit dem Aufbruch. Meine Jacke und das Hemd lege ich sorgfältig in der Tasche zusammen, um sie zu schonen. Die langen Hosen schlage ich bis über die Knie um. Bevor ich etwas Brot zur Stärkung esse und den Rest Wasser aus meiner Flasche trinke, wende ich mein Gesicht in Richtung Jerusalem und bedecke meinen Kopf für ein langes Gebet, wie ich es von meinem Vater gelernt habe. Ich spüre, wie lange ich versäumt habe, die Kraft eines Gebets zu erfahren. Es tut gut, dabei alle Not dieser Zeit und auch meine eigene kleine Not mit allen Sinnen anschauen und anfühlen zu können, sich nicht der Tränen schämen zu müssen, die irgendwann zu fließen beginnen. Ich nehme mir fest vor, die von zu Hause gewohnte Tradition des täglichen Betens wieder aufzunehmen – wie Moses auf der Flucht aus Ägypten will ich fest daran glauben: be esrat ha'schem!*

Allmählich erfahre ich das Ziel der meisten Flüchtlinge auf den Landstraßen nach Süden: Toulouse, die größte französische Stadt in der Nähe der spanischen Grenze, weniger als 100 Kilometer vom Bergzug der Pyrenäen entfernt. Die meiste Zeit des Weges von Bourges nach Toulouse bleibe ich weiter für mich allein. Da wir über weite Strecken an Feldern und immer wieder auch an Flüssen vorbeikommen, ist die Ernährung kein besonderes Problem. Nur einmal – zwei Tage vor Toulouse – hetzt ein Bauer seine Hunde auf eine Gruppe von Flüchtlingen, die seine jungen Maispflanzen abernteten. Die Nähe der großen Stadt kündigt sich durch immer dichter bevölkerte und verschmutzte Straßen an. Es wird schwieriger, sauberes Trinkwasser zu erhal-

* *Hebräisch für: Mit Gottes Hilfe!*

ten. Trotzdem bin ich noch im Besitz meiner 50 Francs, als ich Ende Juni 1940 schließlich in Toulouse ankomme.

Heute scheint es mir, als hätte mich vom Passieren der Stadtgrenze an jedes Glück endgültig verlassen. Kein Gebet schien mehr erhört zu werden.

Es beginnt damit, daß es völlig unmöglich ist, irgendein Quartier für die Nacht zu finden. Darüber hinaus werden alle Lebensmittel zu stark überhöhten Preisen verkauft, so daß mir schnell klar wird, daß mein Geld nicht lange reichen wird, falls mir nicht ein ganz neuer Einfall kommt.

Die erste Nacht in Toulouse bringe ich gemeinsam mit anderen Obdachlosen am Bahnhof zu. Es ist ungemütlich dort. Viele Betrunkene treiben sich hier herum, zweimal kommt es zu Schlägereien ganz in meiner Nähe.

Am Morgen versuche ich über die Bahnhofsmission herauszubekommen, welche Unterstützung Flüchtlingen aus Frankreichs Norden gewährt wird. Doch die kleine Rot-Kreuz-Station ist offenkundig überfordert und selbst hilflos angesichts der nachdrängenden Menschenmassen. Vor dem Bahnhof blüht der schwarze Markt. Nahrungsmittel, Pässe, Tickets, Rauschgift — alles ist erhältlich, jedoch für unerschwingliche Summen. Am Nachmittag kann ich endlich ein kleines Brot ergattern für 10 Francs, das ich forthin wie einen Schatz hüte. Eine zweite Nacht am Bahnhof scheint unausweichlich.

Am nächsten Morgen spricht mich auf dem erbärmlich stinkenden und ewig überfüllten Bahnhofsklo ein älterer Mann an. Er ist mir mehr als unsympathisch, und so reagiere ich zunächst gar nicht auf seine Annäherungsversuche. Doch dann wird er deutlich, und ich muß hinhören:

«Du bist Jude, stimmt's, Kleiner? Ich seh dir das an! Heute nacht wird eine kleine Gruppe Illegaler von Toulouse zur Mittelmeerküste aufbrechen, um von dort nach Nordafrika zu schippern. Das wäre etwas für dich, was?»

Es ist mir unangenehm, wie er mich an der Schulter anfaßt, doch ich muß unbedingt mehr erfahren:

«Was kostet die Sache? Und wann und wo soll es losgehen?»

Er beginnt, die Situation auszukosten:

«Für dich machen wir einen Spezialpreis, Kleiner! Wieviel hast du denn noch?»

Ich behaupte, nur noch wenige Francs zu haben, doch ich spüre an seinen Blicken, mit denen er meine noch relativ ordentliche Kleidung mustert, daß er mir das nicht glaubt. Doch er scheint freundlich zu bleiben.

«Ich bin sicher, wir finden einen Weg der Bezahlung. Komme heute abend um 23 Uhr in die Rue de Perpignan 12. Das ist nicht weit vom Bahnhof. Dort gehst du in die Toreinfahrt bis zum Hof durch. Da wirst du mich treffen, und ich werde dir den Führer vorstellen. Bringe alle deine Sachen mit, denn ihr werdet noch in der gleichen Nacht aufbrechen. Wenn du den Treffpunkt weitersagst, dann…»

Bei seinen letzten Worten greift er mit seiner schwieligen Hand an meinen Hals und drückt leicht zu. Dann lacht er und verschwindet vor mir aus der Klozelle.

Ich muß einen Würgereiz unterdrücken. Der Typ ist mir widerlich, aber vielleicht wäre diese Flucht tatsächlich eine Chance? Wenn ich noch länger hier in Toulouse rumhänge, gehe ich allmählich vor die Hunde. Den Tag über schwanke ich noch mehrmals hin und her, was ich tun soll. Auch ein langes Gebet verschafft mir keine Klärung. Schließlich mache ich mich abends auf den Weg zu dem angegebenen Treffpunkt, der in der Tat nur wenige Minuten vom Bahnhof entfernt ist.

Als ich in die Toreinfahrt einbiege, erschrecke ich zunächst entsetzlich über einen kleinen kläffenden Hund, der, wohl ebenfalls erschrocken, hinter einer Mülltonne hervorschießt und mich aus sicherer Entfernung mehrfach anbellt, bevor er um die nächste Ecke verschwindet.

Anscheinend bin ich der erste beim Treffpunkt. Da es keine Beleuchtung in dem Hof gibt, kann ich kaum irgend etwas erkennen. Doch muß es bereits nach 23 Uhr sein.

Plötzlich taucht vor mir aus dem Dunkel eine kräftige Männergestalt auf, die mir flüsternd zuraunt:

«Kommst du von Jacques?»

Ich verstehe ihn nicht genau und will gerade zurückfragen, als der Mann mich am Hals packt und mit eisernem Griff hält, so daß ich kaum noch Luft bekomme. Es ist nicht der Alte vom Bahnhof, das spüre ich. Während ich noch versuche, mich loszuwinden und Luft zu bekommen, durchsucht der Mann mit der anderen Hand meine Jackett- und Hosentaschen und reißt mir den kleinen Beutel vom Rücken. Ich spüre, wie dabei ein Ärmel meines Hemdes abreißt.

Schließlich kann ich ihm mit letzter Kraft der Verzweiflung gegen das Schienbein treten, worauf sich der Griff ein wenig lockert, mich jedoch eine Sekunde später ein solcher Schlag gegen die Schläfe trifft, daß alles um mich herum dunkel wird.

Als ich wieder zu mir komme, atme ich den Gestank faulender Abfälle. Beim Stürzen habe ich vermutlich eine Mülltonne mit umgerissen. Mein Hals schmerzt und beginnt anzuschwellen. Voller Entsetzen merke ich, daß meine Taschen leer sind, und der Gauner sogar meinen Beutel mit dem Brot mitgenommen hat. Ich könnte mich ohrfeigen für meine Unvorsichtigkeit. Hätte ich nur auf mein inneres Gefühl gehört!

Mein Schädel dröhnt, als ich langsam zum Bahnhof zurücktorkele. Was nun? Ohne eine Decke, hungrig und mit schrecklichen Kopfschmerzen versuche ich, in einer Ecke der Bahnhofshalle Schlaf zu finden. Als endlich der Morgen dämmert, liege ich zusammengekrümmt in meiner Ecke, gequält von Magenschmerzen, wie ich sie seit meinen ersten Tagen bei Onkel Abraham und Tante Chawa nicht mehr erdulden mußte. Kalter Schweiß läuft mir über die Stirn. Verdammter Mist – Fieber!

Bis zum Mittag kann ich mich kaum rühren. Später muß ich mich übergeben. Das verschafft ein wenig Erleichterung.

Einige Nachbarn murren und pöbeln mich an für die Sauerei, die ich ihnen bereitet habe. Wo soll ich nur hin?

Mir fehlt die Kraft, mich um irgendeine Reinigung zu bemühen. Ein Gedanke, der mir zum erstenmal mittags kam, nimmt deutlichere Gestalt an. Ich frage einen Polizisten, der vor dem Bahnhof Dienst tut, in welcher Richtung das Stadtgefängnis von Toulouse liegt. Mit zitternden Knien und von Fieberanfällen geschüttelt finde ich schließlich den Weg dorthin. Der Wachmann am Tor führt mich umgehend zum zuständigen Oberaufseher.

«Ich bin Herschel Grynszpan. Ich bin in Bourges offiziell freigelassen worden und verlange nun von Ihnen ordentliche Papiere, damit ich das Land verlassen kann!»

Der Oberaufseher scheint von meiner Erscheinung doch irgendwie berührt zu sein. Jedenfalls ist er nicht abweisend:

«In Bourges, sagen Sie? Und wieso haben die Ihnen keine Entlassungspapiere gegeben?»

«Das kann ich Ihnen nicht sagen. Aber bitte rufen Sie dort an. Sie werden sehen, man wird Ihnen meine Geschichte bestätigen!»

«Das werde ich tun, junger Mann! Nun ruhen Sie sich aber erst einmal aus ... Sie sehen ja richtig krank aus ...!»

Ich atme erleichtert auf. Mit zwei Decken versehen, darf ich eine Einzelzelle beziehen, erhalte kurz darauf sogar eine Tasse mit warmem Tee, den ich gierig herunterstürze.

Die Magenkrämpfe gehen irgendwann so weit zurück, daß ich einschlafen kann.

Erst zwei Tage später läßt mich der Oberaufseher wieder zu sich kommen. Ich kann meine Neugier kaum verbergen: «Nun?»

«Tja», sagt er nachdenklich und sich mit einer Hand unsicher das Kinn massierend. «Ehrlich gesagt, werde ich aus der ganzen

Geschichte nicht schlau. In Bourges sitzen mittlerweile die Deutschen. Mein dortiger Kollege sowie der Staatsanwalt von Bourges scheinen selbst hinter Gittern zu sein, weil sie Sie freigelassen haben. Dann scheint aber auch die französische Handlanger-Regierung der Nazis im besetzten Teil unseres Landes unter Marschall Pétain Anspruch auf Sie zu erheben. Jedenfalls sind die Nazis weiter hinter Ihnen her und werden nicht locker lassen, wissen Sie das?»

Ich spüre, wie mir das Blut in den Adern gerinnt, antworte aber nicht.

«Was ich Ihnen nun raten soll, weiß ich nicht. Jedenfalls darf ich Ihnen nicht einfach Papiere aushändigen, aber noch könnte ich Sie wohl einfach so laufen lassen. Was wollen Sie?»

Ich zögere nur einen Moment.

«Bitte versuchen Sie noch einmal, ob es nicht doch einen Weg gibt, mir ordentliche Papiere zu verschaffen. Alle Leute sagen doch, daß die Deutschen in nächster Zeit nicht bis Toulouse kommen werden. So bin ich doch bei Ihnen noch einigermaßen sicher. Und Sie wissen doch selbst, was sich heute auf den Straßen abspielt...»

«Gut», sagt er und erhebt sich: «Ich will dies noch einmal versuchen und gebe uns Zeit bis zum kommenden Wochenanfang. Wenn sich bis dahin nichts getan hat, muß ich Ihnen dringend raten, sich wieder allein auf den Weg zu machen!»

Dankbar reiche ich ihm die Hand. Ich ahne zu diesem Zeitpunkt nicht, wie verhängnisvoll sich diese Entscheidung bald auswirken wird.

Vier erholsame Tage, in denen sich vor allem mein Magen wieder ein Stück weit beruhigt, verbringe ich im Stadtgefängnis von Toulouse.

Am Abend des fünften Tages wird die Idylle abrupt unterbrochen. Der Oberaufseher selbst schließt meine Zelle auf. Neben ihm stehen zwei französische Soldaten sowie ein Herr in dunklem Anzug. Auf meine Frage, was dies zu bedeuten habe, zuckt der freundliche Oberaufseher beschämt die Achseln. Er ist blaß im Gesicht, stößt nur leise zu mir gewandt hervor: «Das habe ich nicht gewollt!»*

Einer der Soldaten legt mir Handschellen an. Dann werde ich an das Haupttor zu einem wartenden Wagen geführt. Einer der Soldaten nimmt neben mir Platz, der andere setzt sich hinter das Steuer. Der Herr im dunklen Anzug sitzt vorne. Er spricht zum erstenmal, als wir die Stadtgrenze von Toulouse passieren. Als ich seine ersten Worte vernehme, erstarre ich vor Entsetzen. Er redet mich auf deutsch an:

«Nun, Grünspan, das war eigentlich ein bißchen viel Aufwand für einen Judenlümmel, findest du nicht? In wenigen Stunden werden wir an der Demarkationslinie zum Frankreich der Vichy-Regierung sein. Dort nehme ich dich dann offiziell ausgeliefert von den Franzosen in Empfang. Noch heute nacht werden wir gemeinsam nach Berlin fliegen. Freust du dich

---

* *Was der Oberaufseher nicht gewollt hat und Herschel nicht wissen konnte: Die deutschen Besatzer hatten nach wie vor den angesehenen Staatsanwalt von Bourges, Paul Ribeyre, in ihrer Gewalt in Paris. Als sie erfahren, daß Herschel Grynszpan in Toulouse wieder aufgetaucht ist und im dortigen Gefängnis einsitzt, verlangen sie von der französischen Marionettenregierung von Vichy unter Marschall Henri Philippe Pétain die sofortige Auslieferung des «Verbrechers Grünspan». Die Vichy-Regierung willigt unter der Bedingung ein, daß Staatsanwalt Paul Ribeyre dafür freigelassen würde. Und so geschieht es: Am 13. Juli 1940 wird dem bereits auf seine Hinrichtung vorbereiteten Staatsanwalt eröffnet, daß er in Kürze mit seiner Freilassung rechnen könne. Herschel Grynszpan wird dafür entgegen internationalem Recht am 18. Juli 1940 den Deutschen an der Demarkationslinie zum besetzten Frankreich übergeben.*

Besonders tragisch ist, daß zur gleichen Zeit, als Herschel in Toulouse dringend Hilfe gebraucht hätte, sich auch Onkel Abraham, Tante Chawa sowie der Anwalt de Moro-Giafferi in der Stadt bzw. in unmittelbarer Nähe auf der Flucht aus Paris aufhalten. Doch in den Wirren dieser Tage wußte einer vom anderen nicht. (nach CUENOT 1982, S. 123-130; THALMANN 1987, S. 68-75).

nicht? Du bist doch sicher noch nie in deinem Leben geflogen, was?»

Noch immer bringe ich kein Wort hervor. Die Auslieferung und den Flug nach Berlin erlebe ich wie in Trance. Nachdem ich in einer Einzelzelle im Gefängnis der Geheimen Staatspolizei (Gestapo) in Berlin eingeschlossen worden bin, sitze ich bis zum Morgengrauen mit klopfendem Herzen auf meiner Pritsche. Kein Schlaf erlöst mich. Groß ist meine Angst vor dem, was jetzt kommen wird.

Ausgeliefert nach Deutschland

Noch bevor sich das Erwachen im Gefängnis mit dem üblichen Türengeknalle, Schlüsselgeklapper und den gebrüllten Befehlen ankündigt, werde ich durch einen einsamen Aufschrei aus dem Stockwerk unter mir aufgeschreckt. Es ist nicht auszumachen, ob er von einem Mann oder einer Frau stammt, gellend, schrill und abrupt abbrechend, nichts davor und nichts danach ist zu vernehmen. Meine Phantasie läßt einen Menschen vor meinem Auge erscheinen, der zur Hinrichtung geführt wird, einmal, zum letztenmal der Welt seine Pein mitteilend...

Ich erhebe mich von meiner Pritsche, umklammere die Gitter vor dem kleinen Fenster, die ich gerade erreichen kann, wenn ich mich auf die Zehenspitzen stelle und versuche, meine aufgekratzten Nerven zu beruhigen: Ach was, jemand wird geträumt haben, ein Alptraum, kein Wunder hier.

Dann, nur kurze Zeit später, nähern sich harte Absätze auf dem Gitterboden des Ganges vor meiner Zelle. Zwei SS-Leute in schwarzer Uniform geben mir schweigend ein Zeichen mitzukommen. In ihrer Mitte gehe ich bis zum Ende des Ganges, zwei Treppen herunter, von dort in einen hellen, völlig kahlen Raum.

«Ausziehen!» fordert mich der eine von beiden leise auf.

Wie gelähmt vor Angst wage ich keine Bewegung.

«Noch mal fordere ich dich nicht auf, Grünspan!» Er kommt drohend einen Schritt näher.

Ein Zittern läßt sich nicht mehr verbergen. Immer stärker wird mein Körper geschüttelt. Es ist entsetzlich, ich kann meine Furcht nicht verbergen.

Plötzlich grinst der eine von beiden über das ganze Gesicht: «Eigentlich hättest du mehr als eine Tracht Prügel verdient. Aber dafür sind wir nicht zuständig. Du hast wohl zuviel Räuberpistolen über die bösen Deutschen gelesen, was?»

Der andere unterbricht ihn: «Schluß jetzt, wir haben nur den Befehl, dich zu durchsuchen. Also zack – ausziehen jetzt!»

Alle meine Kleidungsstücke werden in einem Beutel verstaut. Dann reißt mir der Jüngere den Mund auf und befühlt meine Wangen. Zuletzt muß ich mich nach vorn beugen und so etwa eine Minute stehen bleiben. Ich fürchte, daß sie doch noch eine Gemeinheit vorhaben, aber tatsächlich geschieht nichts. Die beiden sprechen nicht einmal miteinander.

In diesem Moment klopft es an die Tür unseres Raumes, und irgendein Kalfaktor reicht ein Bündel Sträflingskleidung herein.

Der jüngere SS-Mann nimmt es entgegen und wirft mir ein Handtuch zu.

Kurz darauf erscheint ein anderer Sträfling mit einem kleinen Holzkasten, in dem sich eine Schere und ein Rasiermesser befinden.

Unter Aufsicht der beiden Beamten wird mir der Kopf kahlgeschoren. Danach geht es in einen anderen Gang, an dessen Ende sich Duschen mit kaltem Wasser befinden. Nach dem Waschen besprüht mich der zum Hilfs-Frisör ernannte Mithäftling mit einem widerlich stinkenden Desinfektionsmittel. Erst jetzt erhalte ich die Häftlingskleidung zum Anziehen.

Bis zum späten Nachmittag werde ich in meiner Einzelzelle in Ruhe gelassen, erhalte aber auch nichts zu essen und zu trinken.

Jedoch spüre ich kaum Hunger oder Durst, nicht einmal Magenschmerzen. Angst und Hoffnungslosigkeit lähmen alle meine Empfindungen. Schließlich werde ich zur ersten Vernehmung geführt. Im Raum sind neben den Wachleuten mehrere Offiziere sowie zwei bis drei Herren in ziviler Kleidung anwesend. Es scheint keine einfache Befragung zu werden.

Zu meinem Erstaunen beginnt einer der Männer in Zivil die Vernehmung:

«Ich will mich kurzfassen, Grünspan», er betont die deutsche Aussprache meines Namens, «Sie wissen, warum Sie hier sind, und Sie wissen, was Sie erwartet. Wir wollen uns nicht mit Nebensächlichkeiten aufhalten.»

Ich ahne, worauf er hinauswill.

«Sie haben nur eine Chance, Ihren Kopf zu retten, Grünspan. Sagen Sie uns die Namen der Leute, die Sie zu Ihrem Verbrechen angestiftet haben.»

Einen Moment hält er inne, mustert meinen Gesichtsausdruck aufmerksam.

«Uns ist klar, daß Sie sich dumm stellen. Aber Ihnen ist möglicherweise nicht klar, daß wir verschiedene Methoden haben, Ihre Hintermänner herauszubekommen. Vergessen Sie nicht, Grünspan: Mein Angebot gilt nur, wenn Sie den entscheidenden Hinweis geben!»

Er nickt den Offizieren im Raum kurz zu und verläßt ohne ein weiteres Wort mit den anderen beiden Männern in Zivil den Raum.

Einer der SS-Offiziere stößt mich zu einem Stuhl. Ein weiterer SS-Mann nimmt hinter einer Schreibmaschine Platz.

Der Offizier kommt dicht auf mich zu, seine Stiefelspitzen berühren fast meine Füße. Mein Kopf ist, da ich sitzen muß, in Höhe seines Gürtels. Völlig unerwartet schlägt er mir mit der flachen Hand ins Gesicht, so daß ich – mehr vor Schreck, als von der Wucht des Schlages – seitlich vom Stuhl rutsche und mit einer Hand Halt auf dem Fußboden suche. In diesem Moment tritt er mir mit seinem rechten Stiefel auf die flache Hand, hält mich dadurch wie angenagelt in dieser verschränkten Stellung fest. Ich gebe keinen Laut von mir.

«Dein Fehler ist, Grünspan, daß du dich zu wichtig nimmst. Du überschätzt völlig deine Bedeutung.» Er macht eine lange Pause.

«Du wirst bei uns weder gefoltert noch sonst irgendwie miß-handelt werden. Wir haben Zeit. Wenn du deine Rolle spielst, ist gut. Wenn nicht, verschwindest du, und kein Mensch wird je wissen wie! Klar?»

Als ich nicht antworte, dreht er seinen Absatz auf meinem Handrücken. Er wiederholt die Frage nicht, schaut mich nur mit hochgezogenen Augenbrauen an.

Endlich finde ich meine Sprache wieder.

«Jawohl, Herr Offizier!» stoße ich mit heiserer Stimme her-vor.

Er zieht seinen Stiefel zurück. Ein stechender Schmerz durch-zuckt die Hand bis in die Fingerspitzen. Dann setzt er sich auf einen Stuhl im Hintergrund: «Anfangen!»

Damit beginnen drei Tage dauernde Vernehmungen, in denen alle möglichen Einzelheiten zu meiner Familie und zum Tather-gang gefragt werden, die ich aber alle schon mehrfach in Paris ausgesagt habe und die den Deutschen sicher bekannt sind. Zu meiner vorsichtig wachsenden Erleichterung wird tatsächlich bei den Verhören nicht gefoltert. Ich darf sogar mit Begleitung zur Toilette und erhalte ab dem zweiten Tag eine Suppe und etwas Brot.

Weitgehend kommentarlos werden meine Aussagen mitge-tippt. Danach werde ich in eine andere Einzelzelle gelegt, darf dort weder jemandem schreiben, noch erhalte ich irgendwelche

Nachrichten von draußen. Auch ist mir jeder Kontakt zu anderen Häftlingen streng untersagt. Der Sommer vergeht, ohne daß ich einen Sonnenstrahl gesehen hätte. Ab und zu vernehme ich entsetzliche Schreie, die sich selbst mit größter Phantasie nicht als Alpträume deuten lassen. Eines Nachts schreit eine Frau nach ihrem Kind, nur unterbrochen von dumpfen Schlägen, bis sie verstummt. Mehr als einmal höre ich erwachsene Männer nach Mutter und Vater rufen. Immer, wenn irgendwo im Haus wieder so eine Tortur losgeht, versuche ich, mir die Ohren zuzupressen. Oft sitze ich stundenlang nur apathisch und depressiv in meiner Zelle. Einmal vergesse ich für ein paar Tage völlig, die ekelhafte Suppe zu mir zu nehmen. Wenn die Kraft reicht, versuche ich zu beten. Aber mir fehlen immer häufiger die Worte, ein Ziel für meine Bitten, eine Hoffnung auf ein Wiedersehen mit meiner Familie.

Kaum merke ich, daß es Herbst und Winter wird. Vermutlich wäre ich in der Isolationshaft gestorben, wenn sich nicht plötzlich von außen eine Veränderung ergeben hätte. Es wäre kein spektakulärer Tod geworden. Als Ursache wäre wahrscheinlich eine «natürliche» eingetragen worden – jedenfalls wenn man es als natürlich empfindet, daß ein Lebewesen, das jeden Kontakt zum Leben und jede Hoffnung auf Zukunft verloren hat, gleichsam von selbst, aus sich heraus abstirbt, verkümmert, vergeht.

Es muß irgendwann im Januar 1941 sein, als ich nach dem wöchentlichen Gang zur kalten Dusche, der in meiner Einsamkeit zum letzten Orientierungspunkt für Zeit und Raum geworden ist, nicht wieder in meine Zelle zurückgebracht werde, sondern – nur mit einer Decke über der dünnen Gefängniskleidung – in den vorderen Gefängnis-Innenhof. Ein eisiger Wind treibt mir spitze, vereiste Schneeflocken ins Gesicht, willenlos lasse ich mich mit mehreren anderen Häftlingen in einen geschlossenen, mit laufendem Motor wartenden Lastwagen schieben. Ich frage nicht, wohin die Fahrt gehen soll. Es ist mir gleichgültig.

Nur wenige Stunden können vergangen sein, als der Wagen scharf bremst und der Motor abgestellt wird.

Grelles Tageslicht und der eisige Wind schlagen uns entgegen, als sich die Lastertüren öffnen und zwei Wachleute uns vom Wagen über einen Platz bis vor den Eingang einer Holzbaracke treiben.

Meine heruntergefallene Decke wird mir von einem älteren Mitgefangenen kameradschaftlich über die Schulter gelegt: «Darauf solltest du aufpassen, so lange es geht, Kleiner! Wir sind hier im Konzertlager, die wollen uns hier bald singen hören...»

Ein anderer stößt ihn leise und mit erschrockenem Gesicht in die Seite: «Stimmt das, Kamerad? Ist das hier tatsächlich das KZ Sachsenhausen?»

Der Ältere nickt mit versteinertem Gesicht... In diesem Moment tritt ein jüngerer SS-Offizier aus der Holzbaracke, mustert uns schweigend, gibt dann einem der Wachleute leise eine kurze Anweisung.

Dieser bellt unseren armseligen Haufen an: «Wer von euch ist Grünspan? Sofort raustreten! Der Rest – rechts um, marsch!»

Bevor ich antworten kann, stolpern die Männer vor den beiden Wachleuten her. Übrig bleiben der junge Offizier und ich.

Als wir in seinem überheizten Raum sind – er in einem gepolsterten Ledersessel, ich im hilflosen Bemühen, einigermaßen stramm vor ihm zu stehen – beginnt er eine eigenartige Konversation: «So, du bist das also –, Grünspan!»

Es ist Monate her, daß mich jemand überhaupt angeredet hat, geschweige denn mit meinem Namen.

«Du wirst dich vielleicht gewundert haben, daß wir in letzter Zeit kein Interesse an deinem Fall gezeigt haben. Tatsache ist, daß Großdeutschland Wichtigeres zu tun hatte, als sich um einen Judenlümmel zu kümmern. Jetzt, wo unsere Siege in ganz

Europa gefestigt sind und wo wir uns aufmachen zu neuen Siegen, wollen wir auch versuchen, deine Sache zu einem ordentlichen Abschluß zu bringen.

In Berlin wird in den nächsten Monaten dein Fall neu bearbeitet werden. Du sollst hier von mir auf den Prozeß vorbereitet werden, was immer das heißen mag...»

Mir tut die Wärme des Raumes wohl. Obwohl ich seinen Worten kaum noch folgen kann, spüre ich doch, daß es angenehm ist, überhaupt wieder angesprochen zu werden. Dieser Mann hört sich gern reden. Nicht der Inhalt seiner Worte erreicht mich wirklich, wohl aber der Klang seiner Stimme. Inzwischen hat er sich eine Zigarette angesteckt.

«Rauchst du?»

«Jawohl, Herr Offizier!»

Er zündet mir eine Zigarette an.

«Ich will, daß du mir einmal pro Woche berichtest, wie du dazu gekommen bist, in Paris einen Mord zu begehen. Du wirst hier ein anderes Leben als die anderen Häftlinge haben. Ausreichende Nahrung, nur einfache Arbeiten. Ansonsten wirst du wieder in einer Einzelzelle untergebracht. Auch das ist ein zusätzliches Privileg. Du weißt, was ich dafür erwarte, Grünspan?»

Mechanisch wiederhole ich: «Jawohl, Herr Offizier!»

Die Einzelzelle im Konzentrationslager Sachsenhausen ist nicht zu vergleichen mit der Isolationshaft in Berlin. Obwohl ich nachts allein eingeschlossen werde – was mir durchaus angenehm ist –, ergeben sich tagsüber doch einige Kommunikationsmöglichkeiten mit anderen Häftlingen. Nachrichten über die weltpolitische Lage, über die Lebenssituation jüdischer Menschen in Deutschland und in anderen Ländern, die ich auf diese Weise mosaikartig zusammentragen kann, lassen mich allmählich wieder aufmerksamer und wacher werden. Auch spüre ich den anbrechenden Frühling und schließlich die ersten Sommertage voller Intensität.

Im Vergleich zur Haft in Berlin geht es mir hier fast gut.

Ich hoffe nur, daß ehemalige Mitgefangene aus Sachsenhausen, die heute oder später einmal diese Zeilen lesen werden, deren entsetzliche Qual und Folter mir selbstverständlich nicht verborgen blieben, mich nicht für einen zynischen Ignoranten halten. So makaber es sich anhören mag: Nicht Gerechtigkeit, sondern die gleiche Willkür, die viele meiner Mitgefangenen mordete, verschonte mich, und so begann trotz der Leiden um mich herum, in diesem Sommer 1941 ein Lebenswille in mir zu wachsen, wie ich ihn bis dahin nicht gekannt hatte. Er schien mir losgelöst von tieferen Fragen nach Sinn und Moral, begründete sich allein in der einfachen Tatsache meiner Existenz. Einer Existenz, die ich erhalten wollte. Nur das.

Die Gespräche mit dem jungen SS-Offizier erweisen sich zum Glück als kein großes Problem. Wie in der ersten Begegnung, so scheint er auch in den weiteren Monaten vor allem jemanden zu brauchen, der ihm zuhört, seinen weitschweifigen Ausführungen über den siegreichen Kampf der Deutschen andächtig lauscht und bei gelegentlichen körperlichen Zutraulichkeiten nicht allzu empfindlich reagiert. Mehr als einmal vergeht eine Zusammenkunft, ohne daß er meinen Fall angesprochen hat.

Es scheint auch für ihn überraschend zu sein, als ich im Sommer 1941 als einziger Häftling plötzlich von einem Wagen abgeholt und in das Untersuchungsgefängnis nach Berlin-Moabit gefahren werde.

Anders als bisher werde ich in Moabit zu einem Mithäftling in die Zelle gelegt. Dieser ignoriert mich in den ersten Tagen, soweit dies in der engen Zelle geht. Von der äußeren Erscheinung her schätze ich ihn auf Mitte Dreißig. Er hat schütteres Haar und ist noch magerer als ich. Seine feingliedrigen Hände lassen mich vermuten, daß er keiner körperlichen Arbeit nachging, bevor er – aus welchen Gründen auch immer – hier nach Alt-Moabit kam. Über zwei Wochen vergehen, bevor er mir eines Morgens die Hand hinstreckt und mir seinen Vornamen sagt: «Ich heiße Karl. Das muß reichen. Ich bin, das heißt, ich war Rechtsanwalt, bevor ich hierher kam. Wenn du mal einen Rat brauchst...» Als ich auch meinen Namen nenne und den Händedruck erwidere, entgegnet er leise: «Ich weiß... das heißt, ich kenne deinen Fall sozusagen von Berufs wegen...»

Noch am Abend frage ich ihn, was er meint, welche Bedeutung meine Verlegung in das Untersuchungsgefängnis Moabit habe.

Ohne zu zögern, antwortet er sachkundig: «Wer hier sitzt, der ist bald fällig. Das heißt, du kannst davon ausgehen, daß dein Prozeß bereits vorbereitet wird.»*

Auch in den folgenden Wochen kommt es öfter, vor allem abends, wenn wir beide nicht einschlafen können, zu längeren Gesprächen. Dabei ist er mit großer Geduld immer wieder bereit, einzelne juristische Fragen zu beantworten. Es scheint ihm angenehm zu sein, seine Kompetenz zeigen zu können. Gleichwohl bleibt es dabei, daß er nie ein Wort über seine eigene Situation verliert. Auch menschlich werden wir nicht richtig warm miteinander. Oft starrt er stundenlang an die Decke oder an einen bestimmten Punkt an der gegenüberliegenden Zellenwand. Nur schwere, tief eingezogene Atemzüge zeugen dann von Zeit zu Zeit davon, daß er noch am Leben ist.

In unseren Gesprächen besteht Karl darauf, daß ich meinen Kopf nur retten könne, indem ich erklären würde, daß mich andere zu meiner Tat angestiftet hätten.

---

* Die Vermutung von Herschels Mithäftling, daß sein Prozeß bald fällig ist, erweist sich als richtig. Im Sommer 1941 erhält die Reichsanwaltschaft beim Volksgerichtshof in Berlin vom NS-Justizministerium die Anweisung, Anklage gegen ihn zu erheben. Im Herbst 1941 legt das NS-Propagandaministerium die «Richtlinien» fest, nach denen der Prozeß abzulaufen habe:

«Das wollen die von dir hören, und dann wird auch das Interesse an deiner Person eine schnelle Hinrichtung verhindern.»

> «*1. Die Person des Mörders an sich ist uninteressant ... Auf der Anklagebank sitzt das Weltjudentum.*
> *2. Der Mord war ein Signal des Weltjudentums gegen das nationalsozialistische Deutschland.*
> *3. Das französische Volk ist gegen sein Interesse vom Weltjudentum in diesen Krieg gehetzt worden.*
> *4. Die Blutschuld des Weltjudentums ergibt sich aus zahlreichen parallelen Fällen, die ausgearbeitet zur Verfügung stehen.*
> *5. Der Kampf Deutschlands gegen das Judentum vor dem Krieg innerhalb und außerhalb der Grenze war ein Kampf für den Frieden. Die Vernichtung des Judentums ist eine Voraussetzung für die kommende europäische Neuordnung.*
> *6. Die Hintergründe des Mordes zeigen die Gesamtverantwortlichkeit des Judentums, auch die intellektuelle Mitschuld der nach der Machtergreifung in Deutschland verbliebenen Juden.» (nach KAUL 1965, S. 124).*

Neben der bereits in Frankreich geplanten Nutzung des Prozesses zur «Anklage des Weltjudentums», das angeblich hinter Herschel gestanden habe, zeichnen sich jetzt zusätzlich die Verbindung zur «Kriegsschuldfrage» sowie die Vorbereitung der «Endlösung der Judenfrage» ab. Unter «Endlösung» wurde die physische Vernichtung aller jüdischen Menschen in Deutschland und allen besetzten Ländern verstanden, wie sie dann kurz darauf in der geheimen «Wannsee-Konferenz» vom 20. Januar 1942 von den Nazis in allen technischen Details für 11 Millionen Juden geplant und verabredet wurde.

Daß die Nazis selbst um die Unwahrhaftigkeit ihrer Propaganda wußten, geht aus einer «bedauernden Mitteilung» des «Sonderbeauftragten» Prof. Friedrich Grimm hervor, der noch im Juli 1942 als Ergebnis seiner Recherchen mitteilen mußte:

> *«Freilich kann man keine unmittelbaren Beziehungen zwischen dem Mörder und den jüdischen Organisationen nachweisen.» (nach HEIBER 1957, S. 170).*

Was Herschel damals ebenfalls nicht wissen konnte: Der hilfsbereite Jurist, mit dem er im Untersuchungsgefängnis Berlin-Moabit die Zelle teilte, war ein von den Nazis eingesetzter Spitzel, dem Rehabilitation versprochen worden war, wenn es ihm gelänge, das Vertrauen Herschels zu gewinnen und etwas über die angeblichen Hintermänner herauszubekommen (nach HEIBER 1957, S. 159).

«Aber ich kann mir doch nicht einfach irgendwelche Namen ausdenken», widerspreche ich. «So blöd sind die doch auch nicht, daß sie nicht bald merken würden, wenn ich mir lediglich etwas zurechtspinne...»

«Aber du mußt ja nicht spinnen. Du kannst doch Namen irgendwelcher Leute sagen, von denen du weißt, daß sie in Sicherheit im Ausland leben, die aber damals in Paris vielleicht eine wichtige Rolle bei irgendwelchen jüdischen Organisationen gespielt haben.»

Als er mein weiter skeptisches Gesicht sieht, fährt er neue Argumente für seine Strategie auf:

»Mensch, Herschel, du mußt Zeit gewinnen. Von selbst kommst du so oder so nicht frei. Aber wenn du ihnen Aufgaben stellst, die sie erst überprüfen müssen, Namen, von denen sie vielleicht bisher nicht gehört haben, die aber dennoch nicht völlig unglaubwürdig sind, dann wird sich der Prozeß verzögern, und sie werden dich weiter hier sitzen lassen. Wenn aber An-

Abb. 20: Die Gebäude des Untersuchungsgefängnisses in Berlin-Moabit heute (1988).

fang 1942 dein Prozeß beginnt und mit einem schlichten Todesurteil schnell vorbei ist, dann verlangt die Regie auch, daß dein Kopf bald rollt. Kapierst du das nicht?»

Doch, natürlich leuchtet es mir ein, Zeit zu gewinnen. Aber wozu soll ich unbekannte oder gar ausgedachte Menschen belasten? Das überzeugt mich nicht. Ende des Jahres sollen bereits die letzten Vernehmungen zur unmittelbaren Prozeß-Vorbereitung beginnen - was soll ich nur tun?

Ich bleibe ratlos. Ein vernünftiger Einfall will mir nicht kommen, bis... ja, bis mir der vernehmende Beamte, ein Mann aus dem Justizministerium, selbst den entscheidenden Impuls gibt.

Es ist an einem kalten Novembermorgen des Jahres 1941. Drei Jahre sind inzwischen seit der Tat von Paris vergangen. In Deutschland weiß zu diesem Zeitpunkt noch kein Mensch in der Öffentlichkeit, daß ich bereits seit vielen Monaten ausgeliefert bin. Die Bekanntgabe gegenüber der Presse soll erst Anfang Februar 1942 nach einem genauen Regie-Plan des NS-Propagandaministers Joseph Goebbels erfolgen. Diese Mitteilung des Beamten, eines farblosen und wenig engagierten Menschen, eher beiläufig in einem Nebensatz geäußert, läßt mich nicht mehr los.

Wenn es stimmt, was mein Zellengenosse sagt, daß ich vor allem Zeit gewinnen muß, dann ist eine Aussage meinerseits notwendig, die die geplante Inszenierung meines Falles – um einen echten Gerichtsprozeß geht es ohnehin nicht – erschwert, zumindest verwirrt. An diesem Novembermorgen ergibt sich der konkrete Ansatzpunkt aus einem spontanen Wortwechsel. Zum tausendstenmal geht es um die Begründung meiner Tat. Wieder und wieder berichte ich die Geschichte von der Deportation meiner Familie nach Polen, von der Karte meiner Schwester Berta, als der Mann gelangweilt dazwischenfragt:

«Aber wieso denn gerade den vom Rath, den kannten Sie doch überhaupt nicht!»

«Na, überhaupt nicht, stimmt auch wieder nicht...», rutscht es mir heraus. Zum erstenmal seit längerem blickt er neugierig von seinem Stenographen-Block auf:

«Was wollen Sie denn damit sagen, Grünspan?»

«Ich kannte den Herrn vom Rath schon vorher aus gewissen Kneipen in Paris.»

«Wie bitte?»

Sein Interesse stachelt mich an. Irgend etwas an meiner Aussage scheint auf eine Vorkenntnis bei ihm zu stoßen, die meinen Worten eine besondere Bedeutung verleiht. In dieser Sekunde beschließe ich, aufs Ganze zu gehen. Zu verlieren habe ich nichts.

«Ich kannte Herrn vom Rath aus homosexuellen Lokalen in Paris.»

«Und kannte er Sie auch?»

«Klar kannte er mich. Er hat mich jedenfalls an jenem Tag in der Botschaft wiedererkannt.»

«Ach ja, hat er?» merkt er, eifrig weiterschreibend, an. Weitere Einzelheiten interessieren ihn nicht. Er beendet kurz darauf die Vernehmung.

Zwei Tage später führt ein anderer, älterer Herr die Vernehmung weiter. Was ich vermutete, trifft ein. Ohne Umschweife kommt er auf das Ende des letzten Verhörs. Ich fühle mich bestätigt, daß ich mit der Erwähnung der Bekanntschaft vor der Tat etwas angesprochen habe, was eine eigene Bedeutung für die Durchführung des Prozesses zu haben scheint. Vielleicht liegt genau hier meine Chance zur Verzögerung des Verfahrens?

Zu meinem Erstaunen spitzt der Beamte bereits mit der ersten Frage meine ursprüngliche Aussage noch zu:

«Wieso kommen Sie darauf zu behaupten, Sie hätten eine homosexuelle Beziehung zu ihrem späteren Opfer gehabt?»

Ich gehe ohne Zögern darauf ein: «Weil es so war!», behaupte ich, das erste Mal bewußt die Unwahrheit sagend.

«Welches Interesse sollte denn ein deutscher Beamter an einem Juden haben?» bohrt er ernsthaft nach.

Ich bin mir zuerst nicht sicher, wie er diese Frage überhaupt meint. Dann denke ich an die erregte Reaktion Ernst vom Raths in seinem Büro, als er mich vom Sehen wiedererkannt hatte und entgegne nicht ohne Arroganz:

«In diesen Lokalen spielt die Herkunft nicht eine solche Rolle. Da sind andere Qualitäten von Bedeutung!»

Unwillkürlich muß ich in diesem Moment an meinen Freund Nathan denken: Verzeih mir, lieber Freund, ich will dich und unsere Erfahrungen nicht lächerlich machen. Aber jetzt gibt es kein Zurück mehr.

«Ich kannte Herrn vom Rath erst kurze Zeit», fahre ich fort. «Aber ich wußte, daß er in der deutschen Botschaft arbeitete. Außerdem war er immer sehr großzügig. So hoffte ich, daß er etwas für meine Familie tun könne.»

«Und wieso behaupten Sie diese Geschichte erst jetzt, Grünspan?» Wahrheitsgemäß kann ich hervorbringen:

«Weil ich bis jetzt nicht wußte, daß dieser Umstand eine solche Bedeutung hat!»*

Als mich ein paar Tage später mein Mithäftling fragt, was an meiner Story denn dran wäre, bin ich zum erstenmal unsicher, ob ich ihm die volle Wahrheit sagen kann. Vielleicht entspringt

* *In der Tat hätte seine Aussage unter Umständen auch nie diese Bedeutung erhalten, wenn es nicht bereits im Vorfeld zu deutlichen Konkurrenzen bezüglich der Durchführung des Prozesses zwischen Propagandaministerium und Justizministerium sowie dem Auswärtigen Amt und dem Reichssicherheitshauptamt gekommen wäre. Nun versuchen verschiedene NS-Instanzen dies für ihre Zwecke zu nutzen, lassen gleich mehrfach hintereinander beim Stellvertreter des «Führers» anfragen, ob Adolf Hitler bereits über den «homosexuellen Komplex» informiert sei. Die Dramaturgie des Prozesses ist verunsichert. NS-Propagandaminister Goebbels notiert am 24. Januar 1942 in sein Tagebuch:*

dies aber auch nur dem Gefühl, daß ich so wenig über ihn weiß. Denn auch jetzt reagiert er in keiner Weise persönlich. So hatte ich zunächst schon befürchtet, daß er mich jetzt als Schwulen meiden oder sich gar abfällig äußern würde. Nichts dergleichen. Andererseits auch keine spürbare Sympathie. Nur zunehmend bohrende Nachfragen. Ich beschließe, keine weiteren Einzelheiten mehr mit ihm zu erörtern.

Fast bin ich erleichtert, als er ohne Vorankündigung zwei Wochen später verlegt wird und ein etwa gleichaltriger Junge in meine Zelle kommt. Zwischen uns gibt's von Anfang an einen guten Draht. Begierig nehme ich seine Offenheit auf, höre mit Anteilnahme seine Geschichte:

Er gehörte bis zuletzt zur illegalen Jugendgruppe der Quäker in Berlin, einer christlichen Glaubensgemeinschaft, die sich streng pazifistisch versteht und in Abgrenzung zu den großen Kirchen einer «Religion ohne Dogma» anhängt.

«Die Wahrheiten Gottes sind größer als alle menschlichen Erklärungen. Deswegen haben wir kein Glaubensbekenntnis», teilt er mir ernst mit.

Wir diskutieren nächtelang über gemeinsame Ursprünge von Juden- und Christentum. Jürgen heißt er, und seine Anwesenheit empfinde ich wie ein Geschenk. Ob ich es wirklich nur dem Zufall zu verdanken habe?

Sein Vater ist seit 1935 in Sachsenhausen, die Mutter lebt mit

«Der Mordprozeß Grünspan steht nun wieder zur Debatte. Grünspan hat das freche Argument gefunden, daß er mit dem erschossenen Legationsrat vom Rath ein homosexuelles Verhältnis gehabt habe. Das ist natürlich eine unverschämte Lüge; immerhin aber ist sie geschickt erdacht, und sie würde, wenn sie im öffentlichen Prozeß vorgebracht würde, sicherlich das Hauptargument der ganzen gegnerischen Propaganda werden. – Ich lasse deshalb Vorsorge treffen, daß nur ein Teil der Prozeßverhandlung öffentlich vor sich geht, der andere Teil soll hinter verschlossenen Türen stattfinden.» (Tagebücher S. 46/47, Institut für Zeitgeschichte München).

drei kleineren Geschwistern in Berlin-Charlottenburg. Als er erfährt, daß ich ebenfalls schon in Sachsenhausen war, will er von mir alle Einzelheiten über dieses KZ erfahren. Leider kann ich mich an keinen Mann mit dem Namen oder wenigstens der Beschreibung seines Vaters erinnern. «Gerhard Saal, Anfang 50, so 'n kräftiger Mann mit dichten weißen Haaren – kannste dir wirklich nich' erinnern?» fragt er mehrmals eindringlich nach. Ich wage nicht, ihm mitzuteilen, daß von den anderen kaum jemand noch kräftig aussah – und kahlrasiert waren wir alle.

Seit meiner Kinderzeit bete ich zum erstenmal wieder mit einem anderen Menschen gemeinsam. Wären wir uns doch nur schon früher begegnet…

«Nee», widerspricht Jürgen in seinem witzigen Berliner Dialekt, «lieba janz woanders, det wär bessa!»

Unsicher macht mich in diesen Tagen allein der Umstand, daß ich eine Weile bereits nichts mehr vom bevorstehenden Prozeß gehört habe. Weder weitere Vernehmungen noch irgendwelche Verlegungen, die mir ein Wachmann als Signal des bevorstehenden Prozeßbeginns genannt hatte.

Ich habe so wenig Angst wie noch nie in den vergangenen drei Jahren, weiß genau, wie ich mich vor Gericht verhalten will. Sorge erfüllt mich nur angesichts des zermürbenden Wartens.

Im Frühsommer 1942 trifft es mich wie ein Schlag aus heiterem Himmel, als eines Morgens auf dem Hof ein kleinerer Transport zum KZ Sachsenhausen zusammengestellt wird und plötzlich meine Zellentür aufgerissen wird.

«Los, Grünspan, Tempo, du gehst mit ab nach Sachsenhausen. Eben telefonische Anweisung gekommen. Mit Prozeß ist vorerst nichts…!» schnauzt der Wachmann mit höhnischem Unterton.

Es bleibt keine Zeit, daß Jürgen und ich uns verabschieden. Nicht einmal die Hand können wir uns mehr geben. Schon zieht mich der Wachmann den Flur herunter.

«Meen Vater...», höre ich Jürgen noch leise sagen. Dann stehe ich auch schon auf dem Hof. Gleich darauf startet der Wagen.

Mit welch anderen Gefühlen und wieder neuen Ängsten trete ich diesmal die Fahrt an. Aber auch mit gereifterem Bewußtsein, versuche ich mir einzureden.

Während der Fahrt hoffe ich ein wenig darauf, den jungen Offizier von meinem ersten Aufenthalt wiederzutreffen. Aber er scheint inzwischen woandershin versetzt worden zu sein. Zu meinem Erstaunen und meiner Erleichterung werde ich trotzdem auch diesmal wieder bevorzugt gegenüber den Mithäftlingen behandelt, kann leichte Gartenarbeiten machen und bin wieder in einer Einzelzelle im «Promi-Bau» (Baracke der bevorzugten prominenten Häftlinge) untergebracht.

Ich kann mir diese Bevorzugung nicht mehr erklären, nachdem mein Prozeß doch offensichtlich erneut abgeblasen wurde. Oder hoffen die Nazis immer noch, zu einem späteren Zeitpunkt aus meiner Geschichte Kapital schlagen zu können?*

---

* Nachdem der Prozeß Anfang 1942 bereits aus anderen Gründen verschoben wurde (ein anderer «Schau-Prozeß» wurde vorgezogen), hakt sich die Prozeßplanung bei Herschel Grynszpan vor allem am «homosexuellen Komplex» fest.

Am 13. Mai 1942 ordnet Hitler an, daß der Prozeß «einstweilen nicht zu führen» sei. NS-Propagandaminister Goebbels vermerkt am 14. Mai 1942: «...die Frage des § 175 bzw. die dreiste Behauptung des Juden Grünspan auf das Vorliegen eines solchen Falles (ist) noch zu ungewiß, als daß wir uns im Augenblick in eine so delikate Prozeßführung hineinbegeben könnten.» (Tagebücher S. 1396, Institut für Zeitgeschichte München).

Es hängt vermutlich auch mit dem für die Nazis schwieriger werdenden Verlauf des 2. Weltkrieges zusammen, daß der gerade zum Präsidenten des Volksgerichtshofes ernannte Roland Freisler am 16. Oktober 1942 abschließend vermerkt: «Der Grynszpan-Prozeß dagegen wird nach dem Befehl des Führers bis auf weiteres nicht bearbeitet.» (nach HEIBER 1957, S. 169)

In diesen Wochen des Sommers 1942 bekomme ich mehr vom Lagerleben in Sachsenhausen mit als während meines ersten Aufenthaltes. Vor den Augen aller werden Menschen gequält, erniedrigt, geschlagen, oft schwer verletzt einfach liegengelassen. Jede Hilfeleistung von Mitgefangenen ist streng untersagt.

Einmal werde ich Zeuge, wie ein noch relativ kräftiger junger Mann selbst ein Loch aushebt, in das ihn Mithäftlinge später so tief einbuddeln müssen, daß nur noch sein kahlrasierter Kopf zu sehen ist. So muß der Geschundene einen ganzen Tag in praller Sonne und noch eine darauffolgende Nacht aushalten. In den frühen Morgenstunden soll er mit einem Eimer kalten Wassers geweckt werden. Ich kann die Szene durch einen Spalt in meiner Baracke genau beobachten.

«Kohlköppe gießen!» brüllt einer der Wachleute, offensichtlich noch nicht wieder nüchtern vom nächtlichen Besäufnis. Dann noch mal: «Kohlköppe gießen!» Schließlich stellt er sich breitbeinig und schwankend vor den Gequälten, öffnet seinen Hosenspalt und uriniert auf den Kopf des eingegrabenen Menschen. Ich wende mich entsetzt und am ganzen Körper bebend ab. Ein Mithäftling erzählt mir später, daß der eingegrabene Mann bereits in der Nacht, vermutlich an Herzversagen, gestorben ist. Ich wünsche es ihm.

Gleichzeitig erfahre ich aber auch, daß es Kameradschaft unter den Häftlingen gibt. Ohne selbst einbezogen zu sein, merke ich doch an verschiedenen Auffälligkeiten, daß es ein eigenes Kommunikationssystem zwischen einigen Häftlingen geben muß. Der Tod des eingegrabenen Mannes war diesen Häftlingen durch einen mir nicht bekannten Umstand offensichtlich eher bekannt als den deutschen Wachmannschaften. Wer hatte ihn nachts aufsuchen können? Wie war diese Nachricht über mehrere Blocks hinweg weitergegeben worden?

Im «Promi-Bau» sitzt seit Jahren auch der angesehene Pastor

Martin Niemöller* ein, der selbst in Frankreich und den USA bekannt ist. Leider bekomme ich nie Kontakt zu ihm, obwohl sein Name bei heimlichen Gesprächen oft in aller Munde ist.

Dafür lerne ich im Juli 1942 an einem Morgen im Waschraum Julien kennen. Normalerweise werde ich allein zum Waschen geführt, wenn alle anderen Häftlinge bereits bei der Arbeit sind. So ist es ein Zufall, daß er, der offenkundig mit irgendwelchen Reinigungsarbeiten beauftragt ist, dort gerade Wasser holt, als ich – nur mit einer schwarzen zivilen Hose bekleidet – hereinkomme.

Ich spüre sofort, daß er mich irgendwoher kennt, und bin dann später fast enttäuscht, als ich erfahre, daß es nur aus der Zeitung ist. Er kommt auch aus Paris, hat damals bereits aufmerksam alle Berichte über meinen Fall verschlungen, nicht zuletzt, weil er schon als Schüler Journalist werden wollte und sich bereits früh für Politik interessierte.

In den folgenden Wochen wird er meine wichtigste Informationsquelle. Ich bin sicher, daß er Kontakte zu illegalen Gruppen im KZ hat. Selbstverständlich verliert er darüber nie ein Wort, doch ich bewundere ihn deshalb für seine Umsicht und Bedachtsamkeit eher noch mehr.

Allmählich entsteht auch so etwas wie Freundschaft zwischen uns. Einmal müssen wir beide laut loslachen, als wir feststellen, daß wir beide die gleiche Kneipe am Boulevard St. Denis ken-

* Martin Niemöller (1892 – 1984), im 1. Weltkrieg U-Boot-Kommandant, danach Theologiestudium, ab 1931 Pastor in Berlin-Dahlem, ab 1933 Mitbegründer des «Pfarrer-Notbundes», der späteren «Bekennenden Kirche», die sich – im Gegensatz zu den «Deutschen Christen» – kritisch gegenüber den Nazis äußerte. 1937 Verhaftung, ab 1938 als «persönlicher Gefangener des Führers» im KZ Sachsenhausen, ab 1941 im KZ Dachau (Herschel konnte so 1942 auch keinen Kontakt mehr zu ihm aufnehmen). Von 1947–64 Präsident der hessischen Landeskirche. Bis zu seinem Tode aktiv in der Friedensbewegung.

nen. Übermütig verabreden wir, uns dort nach der Befreiung zu treffen und eine Nacht durchzumachen. Befreiung – ja, ich glaube, in einem Gespräch mit Julien fällt das Wort von ihm zum erstenmal. Mir war der Gedanke bis dahin nicht einmal vorstellbar.

Doch dann kommt erneut alles anders als erhofft. Wieder werde ich von einem Tag auf den anderen im Spätsommer 1942 in das Untersuchungsgefängnis Berlin-Moabit gebracht. Doch daß nicht mehr mit einem Prozeß zu rechnen ist, wird mir gleich bei der Ankunft mitgeteilt.

«Brauchst dir nischt einzubilden, Grünspan», brummt mich der Beamte an. «Hier ist nur Zwischenstation, weil so 'n paar hohe Tiere noch nicht wissen, wohin mit dir...»

Als er mein fragendes Gesicht sieht, fügt er trocken hinzu: «Ich mein wohin endgültig!»

Ich will nichts mehr wissen. Wenn es tatsächlich zu keinem Prozeß mehr kommen sollte, dann liegt mein Schicksal in Gottes Hand. Julien hat in Sachsenhausen davon gesprochen, daß der Krieg nicht mehr ewig dauern kann und daß er nicht gut ausgehen wird für die Nazis. Aber was bedeutet das für mich?

Wieder sitze ich wochenlang in Einzelhaft in Berlin-Moabit. Es scheint so, als wäre mein Fall nicht nur von der Öffentlichkeit, sondern auch von den Nazis vergessen worden. In Wirklichkeit hält sie der Krieg – nun auch im eigenen Land – zu sehr in Atem, als daß sich propagandistisch aus meiner Geschichte noch viel herausholen ließe. Als die ersten Bombenangriffe auf Deutschland beginnen, haben die Menschen andere Sorgen.

Es muß bereits im Frühjahr 1943 sein, als ich zum drittenmal nach Sachsenhausen komme. Von Julien keine Spur. Zu meiner Erleichterung erfahre ich jedoch, daß er nur verlegt wurde. Mehrere haben gesehen, wie er lebend mit einem Transport das Lager verlassen hatte. Ich bin zunächst geradezu froh, daß ich aus Berlin wieder heraus bin, denn ab September 1943 häufen sich dort die Luftangriffe. Neu hinzugekommene Häftlinge im Winter 1943/44 berichten, daß in einer Nacht im November 1943* mehr als die Hälfte der Einwohner im Bezirk Moabit obdachlos geworden seien. Es muß der schwerste Luftangriff bisher überhaupt gewesen sein.

Doch ich habe mich zu früh gefreut. Anfang 1944 werde ich erneut in das Untersuchungsgefängnis nach Berlin verlegt. Meine Odyssee will kein Ende nehmen. Erklärungen für die Verlegungen gibt es nicht. Ich persönlich habe auch keine. Es scheint einiges zunehmend unkoordiniert zu laufen im «Tausendjährigen Reich», wie die Nazis Deutschland großspurig bezeichnen.

Auch wir Gefangenen hören natürlich die Luftschutzsirenen, jedoch nur ganz wenige Gefangene werden in Bunkerräume geführt. Die meisten kauern, so wie ich, in ihren Zellen. Manche panisch, voller Todesangst, andere eher apathisch, scheinbar völlig desinteressiert an allem, was um sie herum geschieht.

Von außen betrachtet werde ich sicher auch zu den Apathischen gezählt, hocke bewegungslos in einer Ecke meiner Zelle, halte mir nicht einmal die Ohren zu, wenn der wahnsinnige Lärm der Bombenabwürfe losgeht. Innerlich jedoch bin ich besessen von dem einen Gedanken ans nackte Überleben. Gestern wurde der Flur über mir «leergemacht», wie sich ein Mithäftling ausdrückte. Faktisch heißt das: Zwölf Mann wurden ohne Urteil im Hof erschossen, zwanzig weitere gingen auf Transport. Ziel unbekannt.

Die Nazis fangen an, Amok zu laufen. Die Russen nähern sich mit ihren Armeen Berlin. Zeit, denke ich, Zeit, Zeit, Zeit...

* *Gemeint ist die Nacht vom 23. auf den 24. November 1943.*

Die Befreiung

Es dauert noch bis April 1945 – dann bricht das endgültige Inferno los:

Seit einigen Tagen gibt es keinerlei Anstalts-Alltag mehr – kaum noch Verpflegung, keine Leerung der Toiletteneimer. Draußen in den Straßen Berlins tobt der Nahkampf zwischen den alten Männern und Schuljungen von Hitlers «Volkssturm» und den Soldaten der Roten Armee, deren Geschützfeuer alles andere bei weitem überdröhnt. Tag und Nacht. Wenn es dunkel wird, kommen die Bomberflugzeuge noch hinzu. Der Feuerschein der brennenden Häuser Berlins flackert selbst durch mein kleines Gitterfenster, wirft unruhige Bilder an die Wand.

Gestern unternahm eine kleine Gruppe von Gefangenen mit Hilfe zweier Kalfaktoren einen Ausbruchsversuch. Alle wurden umgehend im Hof von den noch verbliebenen Wachleuten erschossen. Ich beschließe, in meiner Zelle zu verharren, hoffe darauf, daß auch die Wachleute bald andere Sorgen haben werden, als uns bis auf den letzten Mann umzubringen. Wieviele Gefangene überhaupt noch in diesen Mauern einsitzen, entzieht sich meiner Kenntnis.

Am Sonntag, dem 29. April 1945, bleibt es eigenartig still innerhalb des Knasts, während draußen das Geballer unvermindert anhält. Von den Wachleuten ist nichts mehr zu hören oder zu sehen. Gegen Mittag bricht ein unbeschreiblicher Jubel in mehreren Zellen los – Gefangene trommeln wie wild gegen Türen und Fenster, schreien an gegen den Kampfeslärm von der Straße. Niemand hört uns, unsere Stimmen und unser Getrommel verpuffen im Donner der Geschütze.

Die Russen müssen doch längst da sein. Der Sonntag vergeht, ohne daß der Kriegslärm abnimmt. So auch der Montag. Sollen wir etwa noch in letzter Minute verrecken? Verhungert und in unserer eigenen Scheiße liegend? Am Dienstag ergreift auch mich eine bislang bezähmte Panik. Fast fünf Tage ohne Nahrung tun ein übriges. Nach meiner verschwommenen Erinnerung bekomme ich irgendwann einen entsetzlichen Schreikrampf, liege flach auf dem Steinboden, kaum noch zu wilden Bewegungen in der Lage, brülle, bis meine Stimme versagt. Eine Ohnmacht muß mich schließlich erlöst haben. Keine Erinnerung an diese letzten Stunden läßt sich mehr aktivieren ...

Als ich wieder zu mir komme, liege ich in einem Feldbett im Hof des Gefängnisses, warm zugedeckt in der Frühlingssonne, trage nur einfaches, aber sauberes Unterzeug. Um mich herum ist leise Betriebsamkeit, kein Geschützdonner, keine Schreie mehr. Kaum kann ich fassen, daß ich noch am Leben bin. Obwohl ich doch eigentlich nur glücklich sein müßte, ergreift eine ungeheure Weinerlichkeit mein Herz. Als ich seit Ewigkeiten im Hof einen Vogel singen höre, kann ich meine Tränen nicht mehr zurückhalten, lasse sie fließen, liege nur da, gestreichelt von den ersten Sonnenstrahlen im Gesicht. Erneut falle ich in tiefen Schlaf ...

Es ist Abend, als ich wieder erwache. Ein sowjetischer Sanitäter versucht, mir eine Suppe einzuflößen. Dankbar schlürfe ich die Flüssigkeit. Ich versuche, den Rotarmisten anzusprechen, aber offensichtlich spricht er kein Wort deutsch, nickt nur geduldig.

Am kommenden Tag spüre ich meine Kräfte zurückkehren. Erstmals kann ich mich selbständig erheben, meine Beine tragen wieder. Kurz darauf werde ich zu einem sowjetischen Offizier geführt.

«Es ist Frieden, Mann!» sind seine ersten Worte. Bis heute habe ich den Klang seiner Stimme in den Ohren. Er schaut ernst dabei, keine Siegerpose. Sein Deutsch ist akzentfrei.

«Was für ein Tag ist heute?» frage ich als erstes.

«Heute ist der 9. Mai 1945. Gestern haben die Nazis kapituliert. Überall ist jetzt Ruhe. In Berlin haben wir die rote Fahne bereits am 2. Mai hissen können, seitdem gab's hier schon keine Kämpfe mehr... Sind Sie Grünspan, Herschel, Häftlingsnummer 763947?»

«Woher wissen Sie das, Herr Offizier?»

«Die Nummer stand auf der Sträflingsjacke, die wir Ihnen ausgezogen haben, als Sie die Sanitäter versorgten, nachdem wir alle Zellen aufgebrochen hatten. Sie haben Glück gehabt. Vielleicht hat Sie Ihre Jugend gerettet. Bei einigen sind wir zu spät gekommen; einige andere sind durchgedreht, haben bis heute nicht begriffen, was um sie herum geschehen ist...»

Er macht einen Moment Pause in seinem Bericht. Erst jetzt sehe ich, wie übernächtigt dieser Mann selbst aussieht, trotz seiner korrekten Uniform. Auch er ist unrasiert, hat tiefe dunkle Ringe unter den Augen. Ich schätze ihn nicht älter als Mitte Vierzig.

«Darf ich Sie fragen, woher Sie so gut deutsch können?»

Er streicht sich mit der Hand über die kurzen blonden Stoppelhaare: «Ich bin Literaturwissenschaftler in Moskau, deutsche Literatur des 18. Jahrhunderts...»

Seine Augen schauen abwesend ins Leere, über Mauern, Geschütze und Gräber hinweg, vermutlich bis in den Lesesaal der Bibliothek seiner kleinen Fakultät in der sowjetischen Hauptstadt. Ich stelle mir vor, wie seine Hände in wertvollen Ausgaben alter Bücher vorsichtig blättern, sehe jetzt die abgebrochenen Fingernägel, einen verschorften Riß auf dem linken Handrücken.

Plötzlich schaut er mir wieder scharf und klar in die Augen: «Ich habe von Ihrem Fall vor Jahren gelesen. Auch unsere Zeitungen haben darüber berichtet. Außerdem haben meine Leute hier in Moabit einen Teil Ihrer Akten finden können. Eine hochinteressante Lektüre, kann ich Ihnen sagen...»

Er schaut mich eindringlich an:

«Ihre Tat, Herschel, ist auf unglaubliche Weise benutzt worden – die Pogromnacht, Kriegsschuld, Vergasung von Millionen

Juden, all das hat die Nazi-Propaganda versucht, Ihnen in die Schuhe zu schieben! Ihre Akte ist ein einmaliges Dokument über den Mißbrauch von Justiz und Politik in Nazi-Deutschland! Aber das ist für den Moment vielleicht noch nicht einmal das schlimmste. Wissen Sie, was mir heute nacht klar geworden ist?»

Ohne eine Antwort abzuwarten, fährt er fort: «Diese Nazi-Propaganda wird fortwirken. Der Haß dieser Sprache, seine Menschenverachtung ist wie ein langwirkendes Gift in den Köpfen – der Opfer wie der Täter. Einen Brunnen zu vergiften ist einfacher als das klare Wasser zurückzugewinnen... Kurz gesagt: Sie müssen damit rechnen, daß es auch weiterhin Menschen geben wird, die Sie hassen, die Rache fordern – und keineswegs nur irgendwelche unverbesserlichen Nazis. Es sind auch jüdische Menschen, die Sie hassen für Ihre Tat, weil sie noch immer glauben, Sie hätten den Zorn der Nazis damit herausgefordert – und andere, die Sie erst als Helden feiern wollten, sich dann aber verraten fühlten, als Sie nicht bei den hehren politischen Gründen allein blieben, sondern auch sozusagen private Gesichtspunkte anführten. Sie wissen, was ich meine?»

Nach seiner langen Rede bin ich erregt und ratlos zugleich:

«Mein Gott, wenn es doch aber so wär! Was wissen denn all diese Menschen von meinem Leben? Soll die Verfolgung denn nie ein Ende für mich haben?»

«Verstehen Sie mich nicht falsch, junger Mann», spricht er beruhigend auf mich ein. «Wir müssen uns jetzt nur darüber klar werden, wie es zunächst weitergehen soll. Bis zum Ende der kommenden Woche habe ich die Freiheit, selbst zu entscheiden, was aus den evakuierten Insassen hier werden soll. Dann erwarte ich neue Order. Was ist Ihr Wunsch, Herschel?»

«Ich will zu meiner Familie. Wissen Sie, was aus meinen Eltern und meiner Schwester und meinem Bruder geworden ist? Sind sie noch am Leben?»

«Es tut mir leid, daß ich Ihnen das nicht sagen kann. Es wird vermutlich auch noch einige Zeit dauern, das herauszubekommen. Bis dahin sollten Sie versuchen, bei Freunden unterzutauchen, vielleicht zunächst außerhalb Deutschlands. Kennen Sie niemand mehr aus Paris?»

Nach einigem Überlegen fällt mir nur die Anschrift von Juliens Vater ein, die er mir gab, als wir uns in Sachsenhausen trennten. Von Onkel Abraham und Tante Chawa weiß ich nur, daß sie – wie Anwalt de Moro-Giafferi – Paris noch vor dem Einmarsch der Deutschen verlassen haben sollen. Aber ob es möglich ist, jetzt nach Frankreich zu kommen?

Der Offizier hält die Idee für sinnvoll. In Paris gäbe es auch bereits wieder arbeitende jüdische Organisationen, die mir vielleicht bei einer neuerlichen Prozeßvorbereitung behilflich sein könnten. Doch davon will ich nichts wissen. Es ist mir unvorstellbar, auch nur einen Tag irgendwo auf dieser Welt in einem Gefängnis auf einen Prozeß zu warten. In diesem Leben nicht mehr!

«Ich halte diese Einstellung nicht für richtig, Herschel», widerspricht mir der Offizier. «Sie werden nie zur Ruhe kommen, wenn die Weltöffentlichkeit nicht alle Hintergründe erfährt und Sie ordentlich freigesprochen werden!»

Nein, er selbst hat vorher die Beeinflußbarkeit dieser Weltöffentlichkeit beschrieben. Wie würde sie jetzt urteilen, wenn ich nicht als Held vorgestellt, sondern als Homosexueller angeprangert würde?

«Lassen Sie mich Ihnen wenigstens meine persönliche Meinung dazu sagen: Ich wäre unehrlich, wenn ich Ihnen verschweigen würde, daß selbst Morddrohungen gegen Sie geäußert worden sind wegen des ‹homosexuellen Komplexes›, wie es die Nazis in Ihrer Akte nennen. Ein belgischer Kommunist, der mit uns in der Roten Armee kämpft, bestätigte das, als wir über Sie sprachen. Aber ist es nicht vielmehr so, daß Sie – unabhängig davon, wieviel davon wahr ist oder nicht – allein mit der Aussage, daß Sie homosexuelle Beziehungen zu Ernst vom Rath gehabt hätten, Ihren Kopf gerettet haben? Millionen homosexueller Männer haben in der Weltgeschichte ihr Leben für so ein Geständnis lassen müssen. Da hat es doch wohl auch etwas Ermutigendes, wenn einmal – und dann noch unter den Nazis – ein Mensch mit dem Bekenntnis zur Homosexualität sein Leben rettet!»

Ich bin verblüfft über seine Offenheit.

«Wissen Sie, Herschel», fügt er erklärend hinzu, «bei uns in der Sowjetunion war Homosexualität unmittelbar nach der Revolution von 1917 völlig straffrei. Der entsprechende Paragraph war als unterdrückend abgeschafft worden. Später wurde Homosexualität als ‹Auswuchs bürgerlicher Verdorbenheit› wieder diskriminiert und verfolgt. Ich kann nicht anders, als auch dies mit den Augen eines Literaturwissenschaftlers zu sehen…»

Als ich ihn fragend anschaue, grinst er zum erstenmal jungenhaft:

«Na, ich meine, viele bedeutende Schriftsteller waren so…!»

Plötzlich müssen wir beide lachen, als wir merken, wie freimütig wir uns mitten in all dem Elend um uns herum unterhalten.

In dem Moment tritt ein anderer Soldat hinzu, grüßt militärisch und wechselt einige Worte auf Russisch mit seinem Vorgesetzten. Dann wendet sich der Offizier wieder mir zu:

«Sie können morgen mit einem LKW-Transport nach Bremen mitfahren. Ich werde Ihnen Papiere besorgen, die auch von den anderen Alliierten anerkannt sind. Ob wir Sie dann den Engländern oder Amerikanern übergeben müssen, oder ob Sie sich selbständig weiter nach Paris durchschlagen können, werden wir noch sehen. Einverstanden?»

Damit steht er abrupt auf. An seinem Händedruck spüre ich,

daß auch für ihn eben ein besonderes Gespräch stattgefunden hat.

Die kommende Nacht schlafe ich unruhig. Seine Worte haben mir viel Stoff zum Nachdenken gegeben. Wie kann ich Kontakt zu meinen Eltern, zu Berta und Markus bekommen? Werden wir uns in Palästina wiedersehen können? Ist es richtig, zunächst nach Paris zu gehen?

Die Fahrt nach Paris mit Umweg über Bremen, zumeist in klapprigen Militärlastwagen, geht schließlich unkomplizierter, als ich geahnt hatte. Ich sehe das Elend der ausgebombten Menschen in allen größeren deutschen Städten, doch es berührt mich nicht mehr als in einem Wochenschau-Film. Nur die Kinder tun mir leid. Aber wen von den bedauernswerten, zerlumpten Männern und Frauen in den Flüchtlingsströmen auf den Straßen hätte es wohl gekümmert, wenn ich schon vor Jahren umgekommen, ermordet worden wäre? Wen von denen hat es gekümmert, als Tausende meiner Glaubensgenossen genau dieses Schicksal ereilte?

In Paris angekommen, stelle ich bald fest, daß weder Onkel Abraham und Tante Chawa noch Maître de Moro-Giafferi unter den alten Anschriften auffindbar sind. Juliens Vater scheint noch unter der angegebenen Adresse zu wohnen, aber ich kann ihn zunächst nicht antreffen.

Dann gerate ich durch Zufall an eine Organisation, die bereit ist, mir für die Überfahrt nach Palästina behilflich zu sein, wenn ich zuvor für sie einige Aufgaben in der Nähe von Paris erfülle.

Mehr darf ich im Moment nicht darüber sagen.

Denn es scheint mir auch nicht klug, mich bereits jetzt an offizielle Behörden zu wenden. Zu schlecht waren meine Erfahrungen mit französischen Behörden, selbst als Frankreich bereits Deutschland den Krieg erklärt hatte.

In wenigen Tagen soll nun dieses halblegale Unternehmen starten. Die Zeit des Wartens habe ich in den vergangenen Monaten in diesem kleinen Landarbeiterhaus vor Paris vor allem mit der Niederschrift meiner Erlebnisse verbracht.

Eben habe ich eine Karte für Julien geschrieben, die ich in den Briefkasten seines Vaters werfen will, falls ich ihn wieder nicht antreffe. Er ist der einzige, dem ich meine Aufzeichnungen anvertrauen kann.

Es macht mich traurig zu sehen, wie der Sommer zu Ende geht und der Herbst mit kühlen und dunklen Tagen anbricht. Es muß schon November sein. Ich lege alle meine zusammengekritzelten Zettel und Hefte zusammen und schnüre sie zu einem Paket für Julien.

Zwischen drei und vier Uhr am Nachmittag wollen wir uns in einem Lokal am Boulevard St. Denis treffen. Gebe Gott, daß ihn meine Nachricht erreicht und er zum Treffpunkt kommt.

Paris 1985

Der November ist ungewöhnlich mild dieses Jahr in Paris. So
ähnlich, auch mit klarem Himmel und Sonnenschein, soll es an
jenem Montag, dem Tag des Attentats am 7. November 1938, gewesen sein. Als Herschel mit der Metro zur deutschen Botschaft
fuhr, müßte ich zur gleichen Zeit in der Schule gewesen sein…

Dann der lausig-kalte November 1945. Unsere flüchtige und
doch so intensive Begegnung an unserem Treffpunkt, dem Café
am Boulevard St. Denis…
Jetzt stehe ich allein vor diesem Treffpunkt: Aus dem Café ist
inzwischen ein Supermarkt geworden. Menschen drängen sich in
langen Schlangen vor Registrierkassen, schieben ihre vollgepack-
ten Einkaufswagen über den Boden, auf dem wir uns vor vierzig
Jahren zum letztenmal sahen, da drüben an dem kleinen Tisch
saßen, und du mir dein Paket mit den Aufzeichnungen in die
Hand drücktest…

Es war ein langer Spaziergang heute morgen, jedenfalls für
mich, dem so weite Strecken zu Fuß doch allmählich zu schaffen
machen. Bis zu Onkel Abrahams Wohnungen in der Rue Martel
8 und der Rue des Petites Ecuries 6 – weißt du, daß aus eurer
Schneiderei heute ein Jeansladen geworden ist? Und von da bis
hinunter zur Rue Vieille du Temple 110 – von eurem Sportclub
keine Spur mehr, der alte Schuppen wird gerade zu einem Hotel
umgebaut…

Über die räumliche Nähe zu den dir vertrauten Gebäuden,
Straßen und Plätzen wird die Zeit in ihre Schranken verwiesen,
der Raum gefüllt mit meinen Bildern von dir, Herschel, und den
Menschen, die du in deinem Bericht hast lebendig werden lassen.

Menschen. Ich weiß, daß ich dir auch da Auskunft schuldig

Abb. 21: Das Wohnhaus von Abraham und Chawa Grynszpan in der Pariser Rue des Petites Ecuries 6 heute (1988) – aus der Schneiderei wurde ein Jeansladen.

bin. Aber du wirst verstehen, daß mir das schwerer fällt, als über veränderte Häuser zu sprechen.

Vergeblich habe ich bis heute versucht, zu näheren oder ferneren Verwandten von dir Kontakt aufzunehmen. Doch deine Eltern haben die NS-Zeit überlebt, waren bis 1948 in der Sowjetunion und wanderten 1949 nach Israel aus. Als die Deutschen 1941 die Sowjetunion überfielen, trat dein Bruder Markus in die Rote Armee ein und kämpfte mit bis zur Befreiung. Stell dir vor, er wäre mit seiner Truppe bis Berlin gekommen... Auch er wanderte nach dem Krieg in das für dich mit so vielen Sehnsüchten verbundene «Gelobte Land» aus.

Und Berta? Die von dir so geliebte Schwester wurde noch im Juni 1941 von den vorrückenden deutschen Truppen in Rußland ermordet. Wie hast du dir gewünscht, sie noch einmal wiederzusehen...

Tante Chawa hat überlebt und ist nach dem Krieg nach Paris zurückgekehrt, wo sie die Schneiderei wiedereröffnet hat. Jedoch allein. Denn Onkel Abraham ist auf der Flucht von den Nazis in Frankreich ergriffen und in Auschwitz umgebracht worden...*

Deine Lebensgeschichte, Herschel, hat seit 1945 eigentlich nur noch zweimal eine größere Öffentlichkeit beschäftigt:

Ende der 50er Jahre berichteten Journalisten, daß Beweise deines Überlebens vorlägen – und das waren keineswegs nur Sensationsblätter. So schrieb zum Beispiel die Kölner «Deutsche Zeitung und Wirtschaftszeitung» am 24. Juli 1960:

«Nach unseren Informationen aus Paris bestätigte die franzö-

---

* *Alle persönlichen Angaben nach 1945 nach CUENOT 1982², S. 166ff. Ein Historiker der jüdischen Gemeinde in Hannover teilte mir auf Anfrage mit, daß nicht nur die Eltern, sondern – Anfang der 80er Jahre – auch der Bruder Mordechai (Markus) in Israel verstorben seien. Genaue Daten waren bis heute, auch in Israel, nicht zu ermitteln.*

sische Polizei Grünspans Anwesenheit in Paris und erklärte, sie werde ihn unbedingt decken. Der Mann wolle seine Ruhe haben. Die Todeserklärung, die von seiner Familie beantragt wurde, scheint demnach falsch zu sein.»

Mit Herzklopfen verschlang ich alle Berichte jener Tage, aber das erhoffte Lebenszeichen von dir blieb aus. Ob es noch immer Gründe geben mag, wegen derer du dich bis heute nicht zu erkennen gibst?

Inzwischen vertreten viele renommierte Historiker die These, daß du zumindest die NS-Zeit überlebt haben dürftest.*

Das zweite Mal bewegte die Öffentlichkeit die Frage, ob es nun wirklich zwischen dir und Ernst vom Rath eine homosexuelle Beziehung gegeben habe oder nicht. Diese Diskussion war jedoch keine wissenschaftliche, sondern eine moralische, die geprägt war vom spießigen Klima der 50er und frühen 60er Jahre.

Es ging dabei auch weniger um dich als um die verlorene Ehre der Familie vom Rath: Der Journalist Soltikow hatte einige Zeugen vorgeführt, die bestätigten, daß Ernst vom Rath in der Pariser Homosexuellen-Szene durchaus bekannt war. Daraufhin wurde der Journalist von einem Bruder Ernst vom Raths angezeigt und nach einem mehrmonatigen Prozeß 1960 vom Landgericht München nach § 189 («Verunglimpfung des Andenkens eines Verstorbenen») verurteilt und durfte ab dann seine Aussage nicht mehr öffentlich vertreten.**

* Die «Überlebens-These» vertreten u. a. HEIBER 1957, GROSSMANN 1957, ZENTNER / BEDÜRFTIG 1985, PLUM 1986 (in: ARENDT 1986²), WISTRICH 1987². Eine gegenüberstellende Position beziehen KAUL 1965, THALMANN 1987² und MAURER 1988 (in: PEHLE 1988). Davon, daß Herschel noch vor 1945 umgekommen ist, gehen CUENOT 1982², ROIZEN 1986 und FREIMARK / KOPITZSCH 1988² aus. Eindeutige Dokumente oder Beweise müssen bis heute alle schuldig bleiben.

** Über den Prozeß wurde u. a. berichtet in DER SPIEGEL Nr. 1 / 1961, S. 20–21.

Bedauerlich finde ich hierbei vor allem, daß die wesentlichen Lektionen, die aus deinem Fall hätten gelernt werden können, bis heute nicht begriffen sind: Wie es möglich war, daß Juristen und Politiker deine verzweifelte Tat für ihre jeweiligen Zwecke mißbrauchten – und wie deren Propaganda unsere Köpfe bis heute vernebelt. In welchem Geschichtsbuch wird die Pogromnacht schon in Zusammenhang mit der vorhergegangenen Verschleppung von 15 000 bis 17 000 polnischen Juden dargestellt? Warum wird fast ausschließlich deine Tat als «auslösendes Moment» für die Schrecken jener Nacht dargestellt – und du selbst als «asozial», «gestört» und «arbeitsscheu»?

Warum beschäftigten sich Gerichte und Medien monatelang mit der Ehre des NS-Diplomaten Ernst vom Rath – die schließlich per Urteil sogar wiederhergestellt wurde –, während bis heute zahlreiche vergessene Opfer der NS-Diktatur auf wenigstens finanzielle Entschädigung warten: Behinderte, Zwangssterilisierte, Roma und Sinti, Homosexuelle… Die meisten von ihnen inzwischen verstorben und bis zuletzt diskriminiert.

Boulevard St. Denis. Das Café. Der Supermarkt. Solange wir an dich denken, bist du nicht tot… Mein Schal ist zu warm für diesen milden Novembertag. Ich streife ihn ab und benutze ihn, um mir ein Taxi zu winken. Kein Problem um diese Tageszeit. Im Wagen verharre ich einen Moment gedankenverloren. Geduldig die Stimme des Chauffeurs: «Wohin, Monsieur?»

Abb. 22: Herschel Grynszpan am Tage seiner Verhaftung am 7. November 1938 in Paris.

Lebensdaten von Herschel Grynszpan

28. März 1921
  Geburt in Hannover.

1927–1935
  Volksschulbesuch in der Bürgerschule I in Hannover.

1935–1936
  Besuch der Rabbinischen Lehranstalt in Frankfurt/Main.

April – Juli 1936
  Arbeitslos in Hannover.

Juli – August 1936
  Bei Verwandten in Brüssel auf seine Einreiseerlaubnis für
  Palästina wartend.

August/September 1936 – Februar 1937
  Als illegaler Ausländer bei seinem Onkel Abraham in Paris.

Februar 1937 – August 1938
  Mit einer vorläufigen Aufenthaltsgenehmigung in Paris.

August – November 1938
  Erneut illegal in Paris.

28./29. Oktober 1938
  Deportation der Eltern und Geschwister aus Hannover
  nach Polen.

6. November 1938
  Auszug aus der Wohnung von Onkel Abraham und Unter-
  kunft in Pariser Hotel unter falschem Namen.

7. November 1938
  Attentat auf einen höheren Beamten der deutschen Botschaft in Paris.

9./10. November 1938
  Reichspogromnacht in Deutschland.

November 1938 – Mai 1940
    In Untersuchungshaft im Jugendgefängnis Frèsnes bei Paris.
1.–17. Juni 1940
    Evakuierung und Flucht vor den Deutschen von Paris nach Bourges.
18. Juni 1940
    «Freisetzung» in Bourges und Flucht nach Toulouse.
Anfang Juli 1940
    Aufnahme im Gefängnis von Toulouse im von den Deutschen unbesetzten Frankreich.
18. Juli 1940
    Auslieferung an die Deutschen durch die französische Vichy-Regierung in einem Austausch.
Juli 1940 – Januar 1941
    In Gestapo-Haft in Berlin.
Januar 1941 – Sommer 1941
    Im Konzentrationslager Sachsenhausen.
Sommer 1941 – Sommer 1942
    Im Untersuchungsgefängnis in Berlin Alt-Moabit.
Ab Sommer 1942
    Erneut im KZ Sachsenhausen. Von hier aus verliert sich die nachweisbare weitere Spur, vermutlich erneuter Aufenthalt in Berlin Alt-Moabit und dort Befreiung durch die Rote Armee. Andere Berichte sprechen von einer Befreiung durch die Amerikaner im Gefängnis von Magdeburg.
Ab Frühjahr / Sommer 1945
    Vermutlich Rückkehr nach Paris und ab dann in Frankreich unter anderem Namen lebend.

Warum dieses Buch geschrieben wurde

Am Morgen des 7. November 1938 verübt der in Hannover geborene 17jährige Jude Herschel Grynszpan ein Attentat auf einen höheren Beamten der deutschen Botschaft in Paris. Dieser Diplomat, der 29jährige Legationsrat Ernst vom Rath, erliegt seinen Verletzungen.

Wenige Tage zuvor haben die Nazis Herschels Eltern und Geschwister aus Hannover deportiert und über die polnische Grenze mittellos abgeschoben.

Zwei Tage nach dem Attentat, in der Nacht vom 9. auf den 10. November 1938, werden in Deutschland etwa 7500 jüdische Geschäfte demoliert, die Fensterscheiben zerschlagen und die Ware auf die Straßen geworfen, vielfach auch geplündert. Die Nazis benennen diese Nacht nach den Bergen von zerbrochenen Schaufenstern verharmlosend: «Kristallnacht».

In derselben Nacht werden fast alle noch verbliebenen 400 Synagogen in Brand gesteckt. Ungezählte jüdische Menschen werden beleidigt, verprügelt, gequält. Die Polizei schaut zu; die Feuerwehr hat Anweisung, lediglich ein Übergreifen der Brände auf nichtjüdische Häuser zu verhindern. In derselben Nacht werden etwa 30000 jüdische Mitbürger verhaftet; etwa 100 Menschen werden während der Ausschreitungen ermordet – erschlagen, erstochen, erschossen.

Die Mörder gehen in den meisten Fällen straffrei aus. Lediglich in einigen Fällen, in denen deutsche Männer während der Exzesse jüdische Mädchen und Frauen vergewaltigen, kommt es zu geringfügigen Strafen wegen «Rassenschande».

Die jüdischen Mitbürger selbst haben die Schäden zu reparieren, ihre Versicherungsansprüche werden für nichtig erklärt oder müssen sofort an NS-Behörden abgeführt werden. Sie werden verpflichtet, ihre ausgebrannten Synagogen selbst einzureißen und als freie Plätze den städtischen Gemeinden zur Verfügung zu stellen. NS-Propagandaminister Joseph Goebbels empfiehlt am 12. November 1938 ihre vorläufige Nutzung als Parkplätze.

Darüber hinaus werden die deutschen Juden zur Zahlung einer «Wiedergutmachung» in Höhe von insgesamt 1 Milliarde Reichsmark verpflichtet. Diese Maßnahme steht in Zusammenhang mit dem Plan, jüdische Bürger endgültig aus dem Wirtschaftsleben auszuschalten und die Enteignung der letzten jüdischen Geschäfte durchzuführen. Jüdische Menschen dürfen bald darauf keine Kinos oder Theater mehr besuchen, keine öffentlichen Verkehrsmittel benutzen oder sich in Schwimmbädern aufhalten.

Am 15. November 1938 erklärt Erziehungsminister Bernhard Rust, daß jüdische Kinder ab sofort keine «deutsche» Schule mehr besuchen dürfen. Am 30. Juni 1942 werden auch die jüdischen Privatschulen geschlossen. Die jüdischen Schüler und Lehrer, die nicht auswandern konnten oder wollten, haben sich zur Deportation in die Vernichtungslager bereitzuhalten. Über

Erziehung

a) Für das Reich

558.   Schulunterricht an Juden.

Nach der ruchlosen Mordtat von Paris kann es keinem deutschen Lehrer und keiner deutschen Lehrerin mehr zugemutet werden, an jüdische Schulkinder Unterricht zu erteilen. Auch versteht es sich von selbst, daß es für deutsche Schüler und Schülerinnen unerträglich ist, mit Juden in einem Klassenraum zu sitzen.

Berlin, den 15. November 1938.

Der Reichsminister
für Wissenschaft, Erziehung und Volksbildung.

Abb. 23: Erlaß 558 des Reichsministers für Wissenschaft, Erziehung und Volksbildung vom 15. November 1938 (Auszug).

Hintergründe und Einzelheiten der Reichspogromnacht sind fundierte historische Studien erschienen (s. Literaturhinweise).

Wer aber war jener Jugendliche, dessen Tat die Nazis zum Vorwand für die Verbrechen jener Nacht nahmen?

Was waren die Motive dieses Jungen aus Hannover? Wie ist er aufgewachsen? War er ein mutiger Held oder ein feiger Mörder? Oder keines von beidem?

Seine Tat setzt Phantasien frei und ermöglicht besondere Einfühlung in die damalige Zeit: Was konnten denn diskriminierte und verfolgte Menschen in Nazi-Deutschland überhaupt tun, um sich zu wehren? Oder blieb nur der Weg des stummen Erleidens?

Und was konnte ein Jugendlicher tun? Ohne einflußreiche Familie oder Freunde im Hintergrund, ohne abgeschlossene Schulbildung?

Und nicht zuletzt: Was hätte ich getan? Aus heutiger Sicht und aus Sicht des Jungen vor fünfzig Jahren.

Wer die Literatur zur Pogromnacht aufmerksam durchliest, wird feststellen, daß es nur wenig Material zur Person des Herschel Grynszpan gibt – und das Wenige ist voller Widersprüche:

Vor 1945 wird Herschel von den Nazis in die Rolle eines «Handlangers des Weltjudentums» gedrängt, und gleichzeitig ist er der sich aufbäumende «Held» für amerikanische Solidaritätsgruppen, die Geld für seinen Prozeß sammeln.

Nach Kriegsende und der Befreiung von der Nazi-Diktatur 1945 taucht Herschel – er wäre jetzt 24 Jahre alt – spurlos unter. Die Charakterisierungen seiner Person bleiben von der Nachkriegszeit bis heute eigenartig distanziert und kommen nur selten ohne ein Übermaß an negativen Zuschreibungen aus:

1957 wird er in den angesehenen «Vierteljahrsheften für Zeitgeschichte» – noch in NS-Jargon – als «arbeitsscheues... Subjekt» bezeichnet (HEIBER 1957, S. 140). Und auch dreißig Jahre später, allerdings mit moderneren Begriffen, wird er in einem biographischen Lexikon zur NS-Zeit als «offensichtlich... verhaltensgestört» (WISTRICH 1987², S. 129) charakterisiert (eine positive Ausnahme bildet die Studie von KAUL 1965).

Ich denke, daß man damit weder dem Jugendlichen Herschel Grynszpan gerecht wird, noch den Umständen seines Konfliktes, der in seinen Ursachen und Folgen weit über diesen Jungen hinausweist – und dies sowohl in historisch-politischer als auch psychologischer Hinsicht. Immerhin: Es gehörte über Jahre durchaus zum üblichen Repertoire in Kriegsdienstverweigerer-Anerkennungsverfahren in der Bundesrepublik, die jungen Männer zu fragen, was sie denn getan hätten, wenn sie im Besitz einer Waffe gewesen wären und damit Hitler hätten töten können.

Vieles scheint im nachhinein so klar und logisch zu sein. Aber inwiefern haben wir wirklich unser Bewußtsein gegenüber offenkundigem Unrecht und persönlicher Verantwortung gestärkt?

In dem vorliegenden Buch habe ich mir vorzustellen versucht, wie Herschel selbst die Erlebnisse seiner Jugend bis 1945 schildert und einem Freund kurz vor dem Untertauchen übergibt.

Es ist eine historische Studie, was die sorgfältig recherchierten Daten und Dokumente betrifft. Es ist eine fiktive Geschichte, was seine Gefühle und Gedanken angeht.

Dabei habe ich nicht versucht, es allen Seiten recht zu machen, sondern mich darum bemüht, mich in die mögliche Sichtweise des jungen Mannes kurz nach Kriegsende einzufühlen.

Über das tatsächliche Schicksal Herschel Grynszpans nach 1945 gibt es bis heute widersprüchliche Aussagen.

Während seine Angehörigen ihn am 1. Juni 1960 vom Amtsgericht Hannover unter dem Aktenzeichen 88 II 309/59 für tot erklären lassen und der israelische Generalstaatsanwalt Gideon Hausner im Eichmann-Prozeß davon ausgeht, daß Herschel doch noch im KZ Sachsenhausen umgekommen sei, verstummen bis heute die Stimmen nicht, nach denen er nach der Befreiung durch die Alliierten 1945 nach Paris zurückgekehrt sei und

dort unter falschem Namen lebe (so z. B. im New Yorker AUF-
BAU vom 10. 5. 1957; im SPIEGEL Nr. 36/1960; in letzter Zeit
u. a. in ZENTNER/BEDÜRFTIG 1985, S. 231; PLUM 1986,
S. 347; WISTRICH 1987², S. 130).

Ungeachtet dessen, ob sich diese Frage je wird beantworten
lassen, hat sein Konflikt nichts an herausfordernder Aktualität
eingebüßt. Menschen, die in die Enge getrieben werden, deren
elementare Rechte mißachtet werden und denen keine Wege zur
Überwindung ihrer Situation bleiben, neigen zu Verzweiflungs-
taten. Unterdrückung, Isolation und Mißachtung fordern Ge-
gengewalt oder resignative Selbstzerstörung heraus.

Geduldige und gewaltfreie Konfliktlösungen sind nur mit be-
gründeter Hoffnung auf Änderung möglich – und mit der Erfahrung von Verständnis und engagiertem Handeln von uns vielen
anderen Mit-Menschen, selbst wenn wir – historisch oder geo-
graphisch – nicht unmittelbar betroffen zu sein scheinen. Dies
gilt für Berlin-Kreuzberg ebenso wie für Soweto in Südafrika –
und nicht zuletzt für jenen Teil unserer Erde, auf den sich so
viele Sehnsüchte des jungen Herschel richteten: auf das «Gelobte Land» im Nahen Osten – das damalige Palästina und heu-
tige Israel.

Herschel Grynszpan ist kein Held und wollte nie einer sein.
Er ist nicht zu vergleichen mit den jüdischen Widerstandskämp-
fern im Warschauer Getto*. Und doch: Er handelte, als viele
andere nur hofften und abwarteten – und wieder andere wegsa-
hen oder gar zustimmend am Unrecht mittaten.

Wenn er heute noch lebte, wäre Herschel Grynszpan kein ur-
alter Mann. Im Jahr des 50jährigen Gedenkens an die Pogromnacht wäre er 67 Jahre alt geworden.

Hamburg, im Juli 1988   Lutz van Dick

* Stellvertretend für andere sei hier nur an den jugendlichen Partisanen, Dichter und Musiker Hirsch Glik (1920–1943) erinnert, der, nur ein Jahr älter als

Für Beratung und Quelleneinsicht danke ich:

- dem Yad Vashem Archiv und dem Leo-Baeck-Institut in Jerusalem;
- dem Zentralen Staatsarchiv in Potsdam;
- dem Institut für Zeitgeschichte in München;
- dem Bundesarchiv in Koblenz;
- dem Stadtarchiv und dem Historischen Museum in Hannover;
- dem Institut für die Geschichte der deutschen Juden, der Forschungsstelle für die Geschichte des Nationalsozialismus sowie dem SPIEGEL-Archiv in Hamburg.

Ein besonderer Dank für Beratung und Hilfe bei der Beschaffung der Dokumente gilt der Bibliothekarin des Leo-Baeck-Instituts in Jerusalem, Frau Tamar Laakmann.

Herschel, nach dem Einmarsch der Deutschen in Polen 1939 in mehrere KZs und Gettos verbracht wurde und sich dort Widerstandsgruppen anschloß. Im Getto Wilna schrieb er das jiddische Lied «Sog nit kejnmol» (Sage nicht niemals), das bald darauf zur Hymne der jüdischen Partisanenbrigaden in Polen und den baltischen Staaten wurde. 1943 gelang Hirsch Glik die Flucht aus einem KZ in Estland. Im Kampf gegen deutsche Truppen fiel er kurz darauf im Alter von 23 Jahren.
Sosehr eine biographische Würdigung für Hirsch Glik noch aussteht, möchte ich selbst vergleichende Auf- und Abwertungen eher vermeiden. Wer den aufrechten Gang lernen will, muß um Zweifel und Ängste mindestens soviel wissen wie um klare Überzeugungen und Mut.

Literatur

Aktuelle Literatur zur Pogromnacht und zu Herschel Grynszpan:

DÖSCHER, Hans Jürgen 1988: «Reichskristallnacht». Die Novemberpogrome 1938, Frankfurt/M. und Berlin.

THALMANN, Rita / FEINERMANN, Emmanuel 1987²: Die Kristallnacht (zuerst: französisch 1972), Frankfurt/M.

GRAML, Hermann 1988: Reichskristallnacht. Antisemitismus und Judenverfolgung im Dritten Reich, München.

PEHLE, Walter H. (Hrsg.) 1988: Der Judenpogrom 1938. Von der «Reichskristallnacht» zum Völkermord, Frankfurt/M.

FREIMARK, Peter / KOPITZSCH, Wolfgang (Hrsg.) 1988²: Der 9./10. November 1938 in Deutschland. Dokumentation zur «Kristallnacht», Hamburg. (Kostenlos über: Landeszentrale für politische Bildung, Poststr. 11, 2000 Hamburg 36, Tel.: 040–3 68 11).

BASTIAN, Johannes / van DICK, Lutz (Hrsg.) 1988: Jugend und «Kristallnacht», Themenheft 10/1988 der Zeitschrift PÄDAGOGIK im Beltz Verlag, Hamburg und Weinheim. (Über: PÄDAGOGIK, Rothenbaumchaussee 11, 2000 Hamburg 13, Tel.: 040–45 45 95).

van DICK, Lutz 1988: Wer war Herschel Grynszpan? Die Geschichte des jugendlichen Attentäters. Eine Handreichung für Lehrer/innen (Sek. I/II), Essen. (Über: «neue-deutsche-schule»-Verlag, Nünningstr. 11, 4300 Essen 1, Tel.: 0201–2940306).

Darüber hinaus in diesem Buch verwandte Literatur:

(Im Text ist jeweils nur der Autorenname sowie das Erscheinungsjahr genannt. Der vollständige Titel findet sich hier.)

ANGRESS, Werner T.: Generation zwischen Furcht und Hoffnung. Jüdische Jugend im Dritten Reich, Hamburg 1985.

ARENDT, Hannah 1986[2]: Eichmann in Jerusalem. Ein Bericht von der Banalität des Bösen, München.

BRANDT, Leon 1984: Menschen ohne Schatten. Juden zwischen Untergang und Untergrund 1938 bis 1945, Berlin.

CUENOT, Alain 1982[2]: The Herschel Grynszpan Case (Library of Congress 82–237, 179), Beverly Hills/USA.

DIEWERGE, Wolfgang 1939: Anschlag gegen den Frieden. Ein Gelbbuch über Grünspan und seine Helfershelfer, München.

GROSSMANN, Kurt R. 1957: Herschel Grünspan lebt!; in: AUFBAU (RECONSTRUCTION) vom 10. Mai 1957, New York/USA.

HEIBER, Helmut 1957: Der Fall Grünspan; in: Vierteljahrshefte für Zeitgeschichte 5/1957, S. 134–172, München.

HISTORISCHES MUSEUM HANNOVER (Hrsg.) 1978: «Reichskristallnacht» in Hannover. Eine Ausstellung zur 40. Wiederkehr des 9. November 1938, Hannover.

KAUL, Friedrich Karl 1965: Der Fall des Herschel Grynszpan, Berlin/DDR.

MAURER, Trude 1988: Abschiebung und Attentat. Die Ausweisung der polnischen Juden und der Vorwand für die «Kristallnacht»; in: PEHLE 1988.

PLUM, Günter 1986: Anmerkungen...; in: ARENDT 1986[2].

ROIZEN, Ron 1986: Herschel Grynszpan: The fate of a forgotten assassin; in: Holocaust and Genocid Studies, Vol. 1, No. 2, S. 217–228, Oxford/GREAT BRITAIN.

ROSKAMP, Heiko (o.J.): Verfolgung und Widerstand. Tiergarten – Ein Berliner Bezirk im Spannungsfeld der Geschichte 1933–1945, Berlin.

SCHEFFLER, Wolfgang 1964: Judenverfolgung im Dritten Reich, Berlin.
WISTRICH, Robert 1987²: Wer war wer im Dritten Reich?, Frankfurt/M.
ZENTNER, Christian / BEDÜRFTIG, Friedemann 1985: Das große Lexikon des Dritten Reiches, München.

Abbildungsnachweis

1: Bundesarchiv Koblenz, Nr. 3581
2: Historisches Museum Hannover, Nr. 179/1966
3: Historisches Museum Hannover, Nr. 187/1978
4: Historisches Museum Hannover, Nr. 212/1979
5: Zentrales Staatsarchiv Potsdam, Nr. 989–95/103
6: Yad Vashem Archiv, Jerusalem
7: Yad Vashem Archiv, Jerusalem
8: Archiv des YIVO Institute for Jewish Research, New York
9: Yad Vashem Archiv, Jerusalem
10: Yad Vashem Archiv, Jerusalem
11: Yad Vashem Archiv, Jerusalem
12: Yad Vashem Archiv, Jerusalem
13: Yad Vashem Archiv, Jerusalem
14: Aus: BRANDT 1984, S. 29
15: Aus: ROSKAMP (o. J.), Bd. 8, S. 71
16: Museum für Hamburgische Geschichte, Bildarchiv
17: Aus: ROSKAMP (o. J.), Bd. 8, S. 77
18: Yad Vashem Archiv, Jerusalem
19: Yad Vashem Archiv, Jerusalem
20: Dr. Lutz van Dick, Hamburg
21: Dr. Lutz van Dick, Hamburg
22: Bundesarchiv Koblenz, Nr. 52716
23: Bibliothek des FB Erziehungswissenschaft der Universität Hamburg

rotfuchs Bücher zur jüngsten deutschen Vergangenheit

Gerd Fuchs
Die Amis kommen
Ein Hitlerjunge erlebt das Kriegsende

März 1945: Florians Eltern beschließen, sich und ihren Sohn zu vergiften, wenn der Krieg verlorengeht. Das Kriegsende kommt, die Eltern denken nicht daran, sich das Leben zu nehmen. Für Florian bricht mit dem Einmarsch der Amerikaner eine Welt zusammen. Mit einem Freund beschließt er zu fliehen . . . Band 359

LUTZ VAN DICK
DER ATTENTÄTER
HERSCHEL GRYNSZPAN UND DIE VORGÄNGE UM DIE «KRISTALLNACHT»

Im November 1938 ermordet der 17jährige polnische Jude Herschel Grynszpan einen Angehörigen der deutschen Botschaft in Paris. Dieses Attentat wird von den Nazis benutzt, um die sogenannte «Kristallnacht» zu rechtfertigen. Band 527

Martin Selber
Geheimkurier A
Jugendbuch

Achim freut sich auf die Ferien auf dem Land. Aber in diesem Sommer, kurz vor dem Krieg, ist auch auf dem Dorf vieles anders geworden. Die alten Freunde stellen sich gegen Achim, weil er nicht wie sie der Hitler-Jugend angehören will. Da bricht ein politischer Gefangener aus. Durch Zufall entdeckt Achim den Flüchtling. Band 123

Ilse Koehn
Mischling zweiten Grades
Kindheit in der Nazizeit

Ilse Koehn war sechs, als die Nazis die «Nürnberger Gesetze» verkündeten. Darin wurde jeder Deutsche, der ein jüdisches Großelternteil hatte, als «Mischling zweiten Grades» eingestuft. Ilse Koehn wächst in Berlin auf. Ihr Leben unterscheidet sich kaum von dem ihrer Altersgenossen. Nur hin und wieder spürt sie den starken Druck, unter dem ihre Familie lebt . . . Band 226

Horst Burger
Warum warst du in der Hitler-Jugend?
Vier Fragen an meinen Vater
Jugendbuch

Wie konntet ihr «das mit den Juden» zulassen? Warum wart ihr in der Hitler-Jugend? Weshalb habt ihr euch zum Krieg freiwillig gemeldet? Was habt ihr nach 1945, als dieser Krieg verloren war, gedacht? Walter Jendrich, der die Nazizeit zum großen Teil bewußt miterlebt hat, stellt sich den Fragen seines Sohnes. Band 194

Gina Schubert
Sie hieß Mila
Eine Geschichte aus dem Krieg

Der Zweite Weltkrieg geht seinem Ende zu, als sich Martina und Mila, die Zwangsarbeiterin aus der Ukraine, begegnen. Martina fühlt sich zu ihr hingezogen, nicht nur aus Mitleid, auch sie ist einsam. Dies ist nicht nur die Geschichte einer Freundschaft. Der Kriegsalltag, Angst und Hunger, aber auch Mitgefühl und Zusammenhalt stehen ebenso im Mittelpunkt. Band 421

Dietrich Seiffert
Einer war Kisselbach
Ein Jugendroman

Hans-Joachim Kisselbach kommt auf die «Nationalpolitische Erziehungsanstalt» der Nazis. Er ist überzeugt, ja begeistert. Früh meldet er sich als Kriegsfreiwilliger «ins Feld». Kisselbach war einer von denen, die durch leere Parolen verführt wurden, und seine «Old Shatterhand»-Welt bricht endgültig zusammen, als die Amis ihn gefangennehmen. Band 255

Berichte und Reportagen ab 12 Jahre

Norbert Ney (Hg.)
Sie haben mich zu einem Ausländer gemacht...
ich bin einer geworden

AUSLÄNDER SCHREIBEN VOM LEBEN BEI UNS

Sie erscheinen in den Statistiken, von ihnen ist in Artikeln und Sendungen die Rede. Wie es den ausländischen Menschen geht, danach fragen nur wenige. Wie fühlt man sich als Grieche hier? Oder als Türke? Muß man sie nicht, um Vorurteile zu überwinden, erst einmal kennenlernen? Band 353

Horst Staslus
Menschenrechte
Gesetze ohne Gewähr

Geschichten veranschaulichen, wie die Menschenrechtserklärung und die Erklärung der Vereinten Nationen über die Rechte der Kinder ständig irgendwo auf der Welt mißbraucht und mißachtet werden. Hinter jeder Verletzung dieser Rechte steht das Leiden eines Menschen. Was können wir tun, um nicht in dieses Unrecht verstrickt zu werden! Band 469
Gustav-Heinemann – Friedenspreis – Empfehlungsliste

TOTAL VERKNALLT
EIN LIEBESLESEBUCH

Geschichten vom großen Herzklopfen, von Traumtypen, Idolen und Vorbildern, vom Fühlen und Kennenlernen, von Schönheit und Angst, von Liebe und Schmerz. Band 356

HEISSE JAHRE
DAS DING MIT DER PUBERTÄT

HERAUSGEGEBEN VON MATTHIAS EHINGS & ELMAR KRAUSHAAR

In unserer Gesellschaft, wo Veränderungen eher mißtrauisch beäugt werden, ist es nicht verwunderlich, daß die Zeit der Pubertät mit Argwohn beobachtet und mit Horror erlebt wird. Dabei könnte sie aber auch eine Quelle der Lust sein. Die Pubertät bietet einen Freiraum und läßt das Experiment noch zu. Band 345

Manuel O./Ingeburg Kanstein
Abhauen – die letzte Chance?
Geschichte einer Flucht

Plötzlich steht Manuel vor Ingeburgs Wohnungstür. Abgehauen. Geflüchtet aus einem unerträglich gewordenen Elternhaus, einem Vater entlaufen, der von seinem Sohn zuviel verlangte. Aber ist die Flucht eine Lösung und darf Manuel seinem Vater Vorwürfe machen? Auch der neue Lebenskreis bringt Probleme, nicht nur für Manuel. – Der unverfälschte Bericht eines Vierzehnjährigen. Band 155

Dorothee Sölle
Fulbert Steffensky
Nicht nur Ja und Amen
Von Christen im Widerstand

OHGOT T OHGOTT

Erzählungen und Berichte von Menschen, die ungehorsam der Kirche und dem Staat gegenüber waren aus christlicher Moral heraus. Die Geschichten sollen zeigen, welche Rolle die Kirche und ihre Funktionäre in der Politik spielten und heute noch spielen und wo im Christentum der Widerspruch gegen die Lebensfeindlichkeit unserer Gesellschaft verankert ist. Band 324

Mary Benson
Wir weinen um unser Land
Nelson Mandelas Kampf um Südafrika

Der Name Nelson Mandela ist eng verbunden mit dem Freiheitskampf der schwarzen Bevölkerung Südafrikas. In diesem Buch erzählt Mary Benson Mandelas Lebensgeschichte. – Selbst jetzt, wo Mandela im Gefängnis lebt, steht sein Name als Symbol für das freie und unabhängige Afrika. Band 482

rotfuchs Auswahl ab 12 Jahre

Gert Loschütz
Das Pfennig-Mal
Die Geschichte von Tom Courters Ehre und Benjamin Walz' Schande
Zeichnungen von F. K. Waechter

Ein poetisches Künstlermärchen von Ehre und Schande, vom Clown, der seinen Zirkusdirektor verrät und nun durch die Welt reist, um sich von der Schande zu befreien, einen anderen um seine Ehre gebracht zu haben. Ausgezeichnet mit dem Oldenburger Jugendbuchpreis. Auswahlliste Rattenfänger Literaturpreis der Stadt Hameln. Band 517

Emer O'Sullivan
Dietmar Rösler
Mensch, be careful!
Eine deutsch-englische Geschichte

Ein irisches Schiff mit einer salzigen, stinkenden Fracht macht fest in Emden. Edzard, Ostfriese, hat schnell heraus, was sich hinter dieser scheinbar alltäglichen Hafenszenerie verbirgt: Juwelenschmuggel per Fisch! Ein spannender Krimi in englisch-deutschem Sprachmischmasch. Band 417

Max von der Grün
Friedrich und Friederike
oder
Ist «das schon die Liebe?
Geschichten

Friedrich und Friederike leben da, wo auch die «Vorstadtkrokodile» zu Hause waren: am Rande Dortmunds. Die beiden Fünfzehnjährigen bestehen ihre Abenteuer mit Mut und Einfallsreichtum. Doch ist das noch die alte Kinderfreundschaft? Unmerklich fast ist da etwas Neues zwischen ihnen: Mal zärtlich und vertraut, mal spröde und fremd stehen sie plötzlich einander gegenüber. Band 391

IRENE RODRIAN
Küß mich, Knacki!
Fortsetzung zu «Blöd, wenn der Typ draufgeht!»

Eine in sich abgeschlossene Fortsetzung zu «Blöd, wenn der Typ draufgeht!» (Band 113). Bert. als Mitglied einer Jugendbande nach einem Raubüberfall erwischt, wird aus der Haft entlassen. Findet der «Knacki» wieder eine Lehrstelle? Wie geht es mit Isa, der Freundin, mit seiner Mutter weiter? Bert weiß, er muß aufhören, sich zu belügen, muß herausfinden, was für ihn selber wichtig ist. . . Band 450

Anatol Feld
Achmed M. im Bahnhofsviertel

Der zwölfjährige Achmed und sein älterer Bruder Hassan kommen aus ihrem marokkanischen Dorf in eine große Stadt der Bundesrepublik. Hassan hat keine Papiere, scheinbar gibt es jedoch viele Menschen, die ihm helfen wollen. Die ahnungslosen Brüder sind schutz- und rechtlos allen Geschäftemachern und Erpressern ausgeliefert. Achmed hat Glück, daß er Freunde findet. Band 532

Norbert Bartnik
MARA UND DIE MUTANTEN
Ein Computerabenteuer

Walter und Mara, die in der Spielhalle am Bildschirm furchtbare Feinde besiegen und ferne Länder erobern, geraten eines Tages unter den Einfluß der Mutanten und Menschoiden. Erst als die Figuren keine Befehle mehr annehmen, die Schule durch einen Kurzschluß lahmgelegt wird und die Polizei erscheint, lösen sich Mara und Walter von ihrem Abenteuer. Keiner erfährt davon, nur ein geheimes Heft, das die Geschichte enthält. Band 455

Marie-Thérèse Schins
Es geschah an einem Sonntag
Ein Abschied

Die Geschwister Mieke und Marcel sind ein Herz und eine Seele. Bis Jolie auftaucht, Marcels erste große Liebe. Aber wenn man sich so gut versteht, läßt sich auch darüber reden. Und dann kommt der verhängnisvolle Sonntag, der alle Fröhlichkeit jäh zerstört. Auf einem Familienfest bricht Marcel tot zusammen. Wie mit der Trauer umgehen, wie das Schweigen brechen, das auf allen lastet? Band 523

C 2288/2

Umwelt-
geschich-
ten

Peter Wucherpfennig
**Umwelt-
Werkbuch**
Mit Tricks und Experimenten
der Natur auf der Spur

Alle reden vom sauren Regen, von Recycling, Biobrot, von Sonnenenergie und Windkraft. Aber wer weiß wirklich Bescheid? Mit Tips und Tricks, mit Rezepten, Bauanleitungen und Experimenten kommen wir hier der Natur auf die Spur.
Band 376/ab 12 Jahre

Peter Wucherpfennig
**Energie-
Werkbuch**
Basteln mit sanfter Energie
für Kinder

In so einer Glühbirne ist ganz schön was los. Tronis Geisterfahrt durch den Wolframdraht läßt sie leuchten. Aber es geht hier nicht nur um Strom, sondern auch um Sonne, Wind und Wasser. Für die Energiebasteleien vom Sonnensegler bis zur Seifenblasenmaschine braucht ihr keine Vorkenntnisse.
Band 468/ab 8 Jahre

Harald Tondern
NOAH
Rettet die Luft

Die Norddeutsche Kraft & Licht AG feiert den zwanzigtausendsten Anschluß an ihr Fernwärmenetz. Aber die Umweltschutz-Initiative NOAH verdirbt die Presse-Show. In Overalls und mit Gasmasken erklettern Jürgen und Michael zwei Schornsteine. Die Kraftwerkbetreiber müssen reagieren. . .
Band 432/ab 14 Jahre

Holger Strohm
**NATUR
KAPUTT?**
Ein Umwelt-Buch

Alles wird giftiger: die Luft, die wir atmen; die Nahrung, die wir essen; das Wasser, das wir trinken. Die Natur wird immer kränker und wir auch. Holger Strohm zeigt nicht nur, welche Gefahren um uns herum lauern, er nennt auch die Ursachen und die Schuldigen. Er schlägt vor, was der Staat und jeder einzelne tun können.
Band 256/ab 12 Jahre

Marie Marcks
**Wer hat dich, du
schöner Wald. . .**
Bildgeschichte

Der Wandertag führt die Schüler in den Wald. Aber bald werden sie sauer: Zwischen den Bäumen, die in Reih und Glied stehen, können sie sich nicht richtig verstecken. Also ab in den Mischwald. Doch der ist schon abgeholzt. Den Kindern dämmert's, und sie tun etwas. . .
Auswahlliste zum Deutschen Jugendliteraturpreis. Band 326

Ilse Ibach
**Fisch und Frosch
und Wasserfloh**
Till baut einen Teich

Zuerst lachen alle über Till, weil keiner es glauben kann. Aber dann entsteht nach und nach auf einem vorher ganz unnützen Plätzchen im Garten ein wunderschöner Teich – Treffpunkt für Fisch und Frosch und Wasserfloh, und den hat Till (fast) ganz allein angelegt.
Band 411/ab 8 Jahre
Großdruckschrift

Marie Marcks
**„Die
paar "Pfennige!"**
Bildgeschichte einer
verschwenderischen Familie

Eine kritische Bildgeschichte über Umweltprobleme und über alternative Lebensweisen und die Schwierigkeiten, diese zu verwirklichen – im Großen wie im Kleinen.
Band 208/ab 10 Jahre

C 2324/1